„Blumenliebhaber kommen also auf jeden Fall auf ihre Kosten. Wanderer aber auch."

Holger Leue ist einer der angesehensten deutschen Reisefotografen. Seine Bilder sind bereits in mehr als 50 Bildbänden, Reiseführern und Kalendern erschienen.

Die Autorin Rita Henss startet von Frankfurt a. M. aus zu Recherchereisen in die ganze Welt. Madeira steht regelmäßig auf ihrer Reiseliste.

Liebe Leserinnen, liebe Leser!

Die Portugiesen nennen Madeira „Flor do Oceano" (Blume des Ozeans), und tatsächlich bestimmt eine tropische Pflanzenfülle die Atlantikinsel. Als ich vor fünf Jahren erstmals auf Madeira weilte, war ich fasziniert von der Vegetation. Obwohl es Februar war und eher regnerisch-kühles Wetter herrschte, entfalteten Weihnachtssterne, Strelitzien, Kamelien, Bougainvilleen und viele andere Blumen ihre Blütenpracht in Gärten und am Straßenrand.

Wandern durch ein grünes Paradies und ...

Blumenliebhaber kommen also auf jeden Fall auf ihre Kosten. Wanderer aber auch. Dass es auf Madeira ein riesiges Wegenetz gibt, ist dem kunstvollen Bewässerungssystem zu verdanken, das die Insel überzieht. Die sogenannten Levadas haben immerhin eine Länge von mehr als 2000 Kilometern. Parallel zu den Wasserkanälen verlaufen schmale Pfade, ursprünglich für Wartungsarbeiten angelegt und heute ein ideales Wegesystem für schwindelfreie Wanderer. Einige besonders schöne Touren stellt Ihnen Rita Henss auf Seite 49 ff. und Seite 97 vor.

... zum Sonnenbaden nach Porto Santo

Mangelware auf Madeira sind allerdings Sandstrände. Dafür gibt es die auf der kleinen Nachbarinsel Porto Santo im Überfluss. Entlang der Südküste ziehen sich rund neun Kilometer feinster Sandstrand, der zunehmend auch ausländische Touristen anlockt. Vielleicht haben Sie Lust, sich Madeiras kleine Nachbarinsel einfach mal anzuschauen? Das Fährschiffunternehmen Porto Santo Line bietet günstige Kombiangebote für Fähre und Hotel. Mehr dazu erfahren Sie in unserem Tipp auf Seite 113. Übrigens: Die Insel ist so klein, da kann man vor Ort mit dem Fahrrad alles bestens erkunden. Viel Spaß dabei!
Herzlich

Ihre
Birgit Borowski

Birgit Borowski
Programmleiterin DuMont Bildatlas

62 Auf Madeira feiert man gern und oft und ausgelassen – so auch in Ponta Delgada an der Nordküste der Insel.

96 Was der Hauptinsel weitestgehend fehlt, hat Porto Santo fast im Überfluss: goldgelben Sand.

88 Von der Sonne verwöhnt reifen edle Rebsorten heran, die Grundlage für den berühmten wie delikaten Dessertwein.

Impressionen

8   Madeira ist viel abwechslungsreicher, als man meint. Der „schwimmende Garten" überrascht unter anderem mit Blumenkindern und Natur pur. Doch damit nicht genug: Die Atlantikinsel hat in Porto Santo auch noch eine schöne kleine Schwester.

Funchal und Umgebung

22   **Die Stadt des wilden Fenchels**
Einem Amphitheater gleich liegt die Hauptstadt Madeiras am Saum des Atlantiks.

DUMONT THEMA
36   **Beton kontra Natur**
Immer neue Bauideen und ein fast flächendeckendes Schnellstraßennetz haben Madeira nicht nur ein fortschrittliches Image, sondern auch viele Probleme eingebracht.

38   **Cityplan, Straßenkarte**
39   **Infos & Empfehlungen**

Calheta, Südwesten

42   **Wasserwege, Wind und Wolken**
Knapp eine Stunde nordwestlich von Funchal lässt Madeira seine einstige Urtümlichkeit ahnen.

DUMONT THEMA
54   **Mit dem Seewolf auf der Welle reiten**
Es ist ein ganz besonderes Erlebnis, mit einem traditionellen Fischkutter hinaus aufs Meer zu fahren, um (selten) Wale oder (häufig) Delfine zu beobachten.

58   **Straßenkarte**
59   **Infos & Empfehlungen**

UNSERE FAVORITEN

Best of ...

20   **Gärten**
Mit seinen herrlichen Gartenanlagen mutet Madeira wie ein Gewächshaus ohne Glas an.

108   **Aussichtspunkte**
Prachtvolle Sicht auf spektakuläre Küstenlandschaften und Fast-Zweitausender

114   **Hotels**
Vom Lodge-Luxus am Berghang bis hin zu eleganten Themen-Unterkünften

INHALT
4 – 5

42 Eine der schönsten Wanderungen auf der Atlantikinsel führt vom Wolkenpass auf die Rothaar-Spitze.

Porto Santo

96 **Madeiras schöne Schwester**
Ilha dourada, „vergoldete Insel", wird Porto Santo gern genannt. Tatsächlich säumt feiner goldgelber Sand fast die gesamte südliche Küste der kleinen Nachbarinsel von Madeira.

110 **Straßenkarte**
111 **Infos & Empfehlungen**

Westzipfel, Nordküste

62 **Schaumgeboren wie Aphrodite**
Sprödes Entdeckerterrain mit stillen Bauerndörfern und wortkargen Menschen – Madeiras Westen ist der wohl urtümlichste Zipfel der Insel. Auch der Norden war lange Zeit sehr abgelegen.

DUMONT THEMA
74 **Grüne Ideen für die grüne Insel**
Elektrobusse, erneuerbare Energien, ein Ökopark und individuelles Engagement für Nachhaltigkeit belegen den hohen Stellenwert des Umweltschutzes.

76 **Straßenkarte**
77 **Infos & Empfehlungen**

Anhang

116 **Service – Daten und Fakten**
121 **Register, Impressum**
122 **Lieferbare Ausgaben**

DuMont Aktiv

Genießen Erleben Erfahren

41 **Segeln wie Kolumbus**
Mit der „Santa Maria" durch Madeiras Küstengewässer

61 **Wie ein Vogel am Himmel**
Paragliding auf Madeira, ein ganz besonderes Erlebnis

Im Osten

80 **Ankerplatz für Liebende, Entdecker und Piraten**
Romantische Legenden, alte Handwerkskunst und die Realität des 21. Jahrhunderts verbinden sich in Madeiras Osten zu einem eigenen Mix.

DUMONT THEMA
88 **Von der Sonne verwöhnt**
Schon Shakespeares Falstaff war bereit, für „ein Glas Madeira und ein Hühnerbein" seine Seele hinzugeben.

92 **Straßenkarte**
93 **Infos & Empfehlungen**

79 **Hinab in die Schlucht**
Canyoning – auf Madeira einer der jüngsten Trends

95 **Schritt für Schritt...**
...übers (Ost-)Kap – durch bizarre Steinlandschaften

113 **Sightseeing unter Wasser**
Porto Santo, ein Eldorado für Taucher

INHALT
6 – 7

Topziele

Die bedeutendsten Sehenswürdigkeiten auf Madeira und Porto Santo sowie Erlebnisse, die Sie keinesfalls versäumen dürfen, haben wir auf dieser Seite für Sie zusammengestellt. Auf den Infoseiten ist das jeweilige Highlight als **TOPZIEL** *gekennzeichnet.*

NATUR

1 Botanischer Garten von Funchal: Exotische Baum- und Pflanzenpracht paart sich in Funchals Jardim Botânico mit einheimischer Vegetation. **Seite 40**

2 Naturpark Madeira: Bei Rabaçal führen Wanderwege und Levadapfade in eine oft noch urtümlich anmutende immergrüne Welt. **Seite 59**

3 UNESCO-Welterbe Lorbeerwald: Madeiras vornehmlich an der Nordküste erhalten gebliebener „Laurisilva" ist ein Überrest jener Lorbeerwälder, die einst im ganzen Mittelmeerraum weit verbreitet waren. **Seite 78**

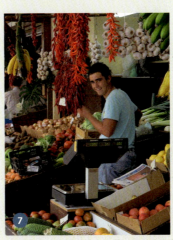

ERLEBEN

7 Markt in Funchal: Funchals Mercado dos Lavradores betört Auge und Gaumen gleichermaßen. **Seite 39**

8 Porto Moniz: Gezeiten und Erosion formten im Lauf der Jahrtausende natürliche Lavabecken. **Seite 78**

9 Ponta de São Lourenço: Madeiras östlichster Zipfel ist ein Muss! Feste Schuhe sind es ebenfalls, wenn man hier wandern will. **Seite 95**

10 Sandstrand auf Porto Santo: Feinkörnig, hell und wohltuend – was die Elemente in Jahrtausenden aus einem Korallenriff „gemahlen" haben, erfreut (nicht nur) Strandurlauber. **Seite 112**

KULTUR

4 Zuckerrohrmühle in Calheta: Man kann die Mühle nicht nur besichtigen, sondern zugleich ihre Produkte probieren – von hochprozentig bis süß. **Seite 60**

5 Strohhäuser in Santana: Bis zum Boden reicht das Dach der Casas do Colmo, die Madeiras Bauern sich einst mit Kühen und Ziegen teilten. **Seite 79**

6 Casa Colombo in Porto Santo: Christoph Kolumbus war auch schon hier. Und wo bleiben Sie? **Seite 111**

Entlang der berühmten Levadas über Stock und Stein

Madeira ist ein Paradies für Wanderer, in dem es noch eine ganze Menge zu entdecken gibt. Viele der schönsten Strecken führen an den Levadas entlang, künstlich angelegten Bewässerungskanälen mit nur geringem Gefälle, mit deren Bau man bereits im 15. Jahrhundert begann. Auf den für Madeira typischen Levada-Wanderungen lernt man die prachtvolle Vegetation der Insel kennen, durchquert verwunschene Tunnel und mogelt sich an Wasserfällen vorbei.

Spiel der Wellen bei Ponta do Sol

An der Südküste Madeiras gelegen, ist der um das Jahr 1450 gegründete Ort Ponta do Sol eine beliebte Zwischenstation bei fast allen organisierten Rundfahrten über die Insel. Dass der Blick auf das stetige Spiel der Wellen auch zu ausgedehnteren Reisen verleiten kann, belegt die Quinta de João Esmeraldo im etwas oberhalb gelegenen Stadtteil Lombada, die einst einem Weggefährten von Christoph Kolumbus gehörte. Auch Kolumbus selbst soll dort verkehrt haben.

Jesuitenschule mit Kirche

Ende des 16. Jahrhunderts kamen Jesuiten nach Madeira und begannen mit dem Bau einer Schule in Funchal samt dazugehöriger Kirche, der Igreja do Colégio (1647). Der Hochaltar gilt als Juwel madeirischer Holzschnitzarbeiten jener Zeit, die Wandfliesen stammen aus Lissabonner Werkstätten. Heute ist das ehemalige Kolleg Sitz der Universität von Madeira.

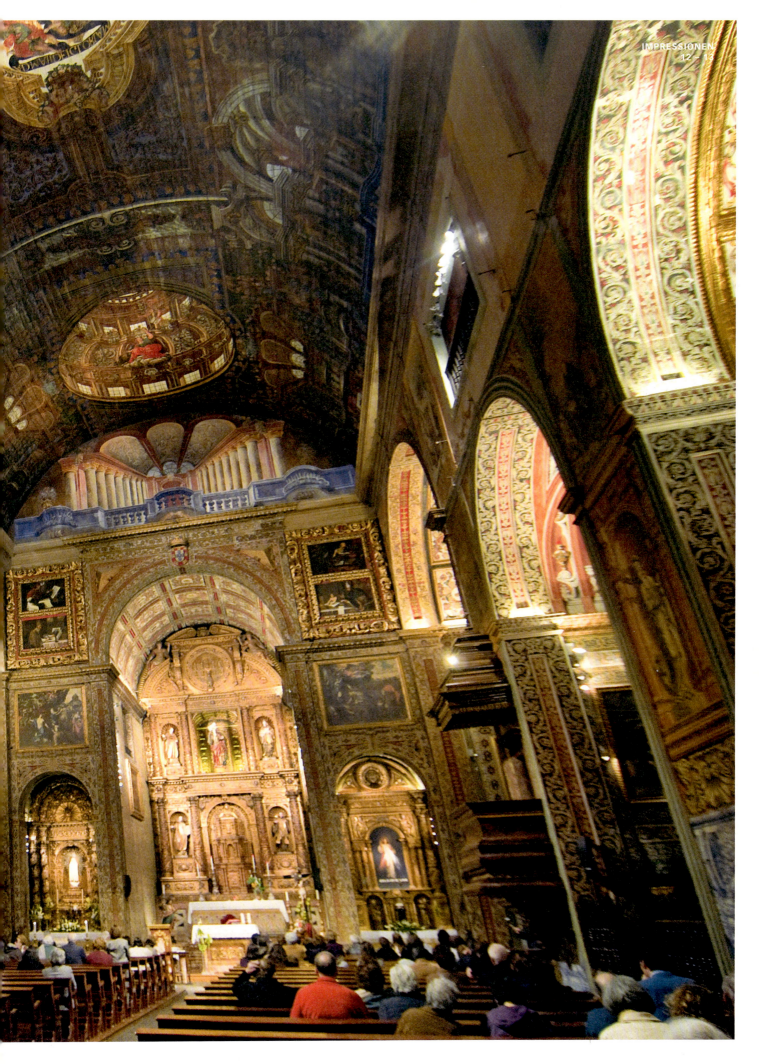

Strandläuferin auf Porto Santo

Nach Madeira fährt man zum Wandern, um die Blumenpracht zu bestaunen und um sich einfach gut zu erholen. Schöne Badestrände aber gibt es kaum. Da lohnt ein Besuch der Nachbarinsel Porto Santo, die nicht nur, wie der Name verspricht, als „heiliger Hafen" lockt, sondern auch mit einem herrlichen, rund neun Kilometer langen Sandstrand.

Blumenkinder beim Blumenfest auf der Blumeninsel

Gut möglich, dass die Hippiebewegung von Madeira, der Blumeninsel im Atlantik, ausging. Schließlich feiert man hier jedes Jahr im April mit dem Blumenfest, der Festa da Flor, das größte, bunteste und fröhlichste Spektakel des ganzen Inseljahres.

Blick von Fajã da Ovelha auf Paúl do Mar und das Meer

Dieser Blick auf die Küste macht deutlich, warum Madeira, der einstige Brückenkopf zwischen Alter und Neuer Welt, als grüne Perle im Ozean gilt. Vom portugiesischen Mutterland ist man hier fast doppelt so weit entfernt wie vom nächstgelegenen (afrikanischen) Festland. Fajã da Ovelha schmiegt sich so eng an die Klippen über Paúl do Mar, dass man fürchten könnte, der eine Ort würde auf den anderen hinabstürzen. Für den nötigen (spirituellen) Halt sorgt der heilige Amaro, glauben die Madeirer.

IMPRESSIONEN
18 – 19

UNSERE FAVORITEN

Die schönsten Gärten

Blütenzauber überall

Fruchtbare Vulkanböden und ein fast subtropisches Klima lassen auf Madeira das ganze Jahr über Pflanzen blühen, die sonst in europäischen Breiten meist nur unter Glas gedeihen. Um viele historische Herrensitze entstanden daher bereits ab dem 19. Jahrhundert herrliche Gartenanlagen, die heute größtenteils öffentlich zugänglich sind.

1 Jardim Botanico

Mehr als 2000 der schönsten tropischen und subtropischen Gewächse bilden heute den Reichtum von Funchals Botanischem Garten. Angelegt wurde er bereits 1881, auf einem Hangareal um die einstige Quinta do Bom Sucesso der schottisch-stämmigen Hotel-Familie Reid. Heute erstreckt er sich über eine Fläche von rund 80 000 m². Neben seiner prächtigen Kollektion von Pflanzen, Blumen und tropischen Vögeln (im angrenzenden Loiro Parque) birgt er u. a. ein kleines naturhistorisches Museum (im einstigen Herrenhaus).

Jardim Botanico Engº Rui Vieira, Caminho do Meio, Bom Sucesso, 9064-512 Santa Maria Maior, Funchal, Tel. 291 21 12 00, tgl. 9.00 bis 18.00 Uhr, Eintritt 5,50 Euro; eine Seilbahn verbindet den Garten mit Monte.

2 Quinta do Palheiro Ferreiro

Ursprünglich von einem Grafen namens Carvalhal um dessen Jagdsitz angelegt, inzwischen aber bei Einheimischen wie britischen Besuchern namentlich fest verbunden mit den Folgebesitzern, der Weinmacherfamilie Blandy, die noch heute in dem von ihr um 1885 erbauten Herrenhaus lebt, zeigt diese Gartenanlage zu jeder Jahreszeit ein anderes Gesicht. Im Winter blühen die Kamelien im Eingangsbereich, es gibt Rosenbeete und einen „versunkenen Garten" sowie den „Garten der Dame" – und ein Teehaus.

Jardim Quinta do Palheiro Ferreiro, Caminho da Quinta do Palheiro 32, 9060-255 Funchal, tgl. 9.00–17.30 Uhr, Eintritt 10,50 Euro, Kinder bis 14 Jahre kostenlos, www.palheirogardens.com

3 Jardim Tropical Monte Palace

Bevor der in Südafrika reich gewordene Unternehmer José Manuel Berrada das Gelände der einstigen Quinta do Prazer kaufte, empfing dort das aus dem Herrenhaus hervorgegangene Monte Palace Hotel internationale Gäste. Nach einer Umbauphase entstand um den originären Bewuchs ein tropischer Hanggarten mit vielen tausend Pflanzen aus aller Welt, darunter auch eine einzigartige Sammlung von Palmfarnen.

Seit 1989 ist er öffentlich zugänglich.

Jardim Tropical Monte Palace, es gibt drei Eingänge: Caminho das Babosas 4 A (von der Seilbahnstation Monte), Caminho das Babosas 4 (von Norden) Caminho do Monte 174 (von Osten), 9050-288 Funchal; Tel. 291 78 23 39 oder 291 74 26 50, www.montepalace.com, Eintritt 10 Euro, tgl. 9.30 bis 18.00 (Museum tgl. 10.00–16.30 Uhr)

4 Jardim Quinta da Palmeira

Der britische Kaufmann Henry Blackburn wird in Schriften aus dem 18. und 19. Jh. als Eigentümer der Quinta Palmeira genannt; ihr späterer Besitzer entstammte der Familie Hinton, den Besitzern der Quinta do Monte. Der Privatgarten des Herrenhauses birgt heute eine große Vielfalt exotischer und einheimischer Flora; von dem terrassierten Hanggrundstück mit romantischen Kleinarchitekturen bietet sich zudem ein schöner Blick auf Funchal.

Rua de Levada de Santa Luzia 31a, 9050-430 Funchal, Tel. 291 22 10 91 oder 969 45 99 33, Di.–Mi. 10.00–16.00 Uhr

UNSERE FAVORITEN
20 – 21

⑤ Jardim do Imperador

Ein junger Engländer namens David Webster Gordon ließ Anfang des 19. Jhs. die Quinta do Monte erbauen, welche später Kaiser Karl. I von Österreich letzte Zuflucht bot. Gordons Bruder James ließ um das Herrenhaus dann den Malakoff-Park anlegen, ein inzwischen wiederhergestelltes Kunstwerk aus 66 Blütenbeeten. Im Turm des Gartens ist ein winziges Café untergebracht; der Gartenpavillon dient heute als Foto-Galerie.

Jardim do Imperador, Camino do Pico, Monte, 9050-482 Funchal, Mo.–Sa. 9.30–17.30 Uhr

⑥ Jardim Rosa Quinta do Arco

Viele Reisen, Briefwechsel und stetiger Austausch mit Spezialisten, so sagt Miguel Albuquerque, inzwischen Präsident von Madeira, ermöglichten es ihm, seine Passion für Rosen in einem Themengarten Gestalt annehmen zu lassen. Rund 1700 Exemplare der Königin der Blumen sind dort inzwischen versammelt – darunter einige Vertreter ganz seltener Sorten.

Jardim Rosa Quinta do Arco, Sítio da Lagoa, 9230-018 Arco de S. Jorge, Tel. 291 57 02 50, www.quintadoarco.com, tgl. 11.00–18.00 Uhr, Eintritt 5 Euro

⑦ Quinta da Boa Vista

Lady Betty ist schon etwas in die Jahre gekommen und mit ihr der ab den 1960er-Jahren auf einem kleinen Felsvorsprung oberhalb von Funchal angelegte Steil-Garten um das Geburtshaus ihres Gatten. Wer sich indes mehr für Orchideen als für tropische Pflanzen interessiert, ist nach wie vor richtig an diesem Ort: In den Gewächshäusern gibt es eine Fülle unterschiedlicher, je nach Jahreszeit blühender Orchideenarten zu bestaunen. Auf der Terrasse der Quinta werden zudem Tee und Kuchen sowie Erfrischungsgetränke serviert.

Quinta da Boa Vista, Rua Lombo da Boa Vista, 9050-126 Funchal, Tel. 291 22 04 68, Mo.– Sa. 9.00–17.30 Uhr, Eintritt 4,50 Euro (Jun.– Jan. 2,50 Euro), Anfahrt mit dem Bus 31

⑧ Jardim Municipal

Einst gehörte das rund 8000 m² große Areal des auch Jardim Dona Amélia genannten Stadtgartens zum Franziskus-Kloster; ein Gedenkstein erinnert noch an diese Zeit. Fast alle Gewächse der grünen Lunge im Herzen Funchals werden auf Schildern erklärt; einheimische ebenso wie exotische. Der kleine Enten- und Schwanenteich unweit der Straße ist ein beliebtes Fotomotiv; die schlichte Kaffeebude ein stets gut besuchter Mittagspausentreff.

Jardim Municipal, Avenidas Arriaga, Funchal, rund um die Uhr geöffnet

⑨ Parque Santa Catarina

Meist ist das westlich des Hafens gelegene, mehr als 35 000 m² umfassende öffentliche Grünareal eines der ersten Ziele aller Funchal-Besucher – denn von seinem Hang eröffnet sich ein wunderbarer Blick auf die Stadt und ihren Hafen. Der Park selbst bietet weite Rasenflächen ebenso wie Blumenrabatten, Buschwerk und alten Baumbestand, auch verschiedene Protea-Arten gediehen hier. In großen Volieren flattern bunte Vögel, der Teich zieht auch ihre wilden Artgenossen an. Zum Silvester-Feuerwerk ist der Santa Catarina Platz ein beliebter Treffpunkt der Einheimischen.

Santa Catarina Park, zwischen Avenida do Infante und Avenida Sá Carneiro, Funchal

FUNCHAL UND UMGEBUNG
22 – 23

Die Stadt des wilden Fenchels

Einem Amphitheater gleich liegt die Hauptstadt Madeiras am Atlantik: Das Hafenbecken bildet den Bühnenraum, ein Halbrund von Hügeln die Ränge. Oben thront der Wallfahrtsort Monte, auf halber Höhe prunken üppige botanische Gärten. Wilder Fenchel soll Funchal einst den Namen gegeben haben. Die kleinen Buchten von Caniço und Câmara de Lobos rahmen die Metropole mit Fischertradition und faszinierenden Klippen.

Warten auf zahlende Gäste: Korbschlittenfahrten vom Bergort Monte herab erinnern an Fortbewegung anno dazumal.

Unmittelbar über dem Hafen von Funchal gelegen: der Parque de Santa Catarina

Wer die Wallfahrtskirche Nossa Senhora do Monte in Augenschein nehmen möchte, muss zuvor 68 Stufen erklimmen.

Groß und Klein finden's fein:
die Korbschlittenfahrt à la Madeira.

Zeit für einen Kaffee ist in Funchal immer: Recht gemütlich sitzt man im „Golden Gate Grand Café".

Grüne Perle im Ozean, Tochter des Vulkans, Braut des Windes, Blumeninsel im Atlantik – Madeira hat viele poetische Beinamen.

Politisch gesehen ist Madeira ein echtes Phänomen. Nicht nur, weil die Insel ein hohes Maß an Autonomie genießt und als selbstverwaltete Region viele Entscheidungen ohne das weit entfernte Mutterland Portugal treffen kann – das ist hier lediglich durch einen „Minister der Republik" ständig vertreten, der Kontrollfunktion ausübt, während die Regionalregierung ihrerseits fünf Abgeordnete ins Lissabonner Parlament entsendet.

Vielmehr wurden diese Entscheidungen auch über einen Zeitraum von drei Jahrzehnten von derselben Partei getroffen, der Partido Social Democrata (PSD) mit ihrem erstmals 1987 zum Präsidenten von Madeira gewählten Mitbegründer Alberto João Jardim an der Spitze. Der 1943 in Funchal geborene Jurist und ehemalige Direktor der Tageszeitung Jornal da Madeira regiert die Insel bis Anfang 2015 wie ein kleiner König und galt als einer der polemischsten Politiker des aktuellen Portugal.

So blockte er zum Beispiel mit Unterstützung seiner Getreuen den Vorschlag ab, das historische Zentrum Funchals als UNESCO-Welterbe vorzuschlagen. Offizielle Begründung: Die Entwicklungschancen der Inselmetropole könnten durch den Welterbe-Status behindert werden. Den Sprecher der portugiesischen Umwelt-Organisation Quercus, Hélder Spinola, bezeichnete Jardim nach der Unwetter-Tragödie im Mai 2010 öffentlich als „unqualifiziert" und „niederträchtig", nachdem der promovierte Biologe den rasanten Bauboom auf der Insel und vor allem in ihren Uferzonen wie etwa in der Hauptstadt Funchal für die Überschwemmungs-Katastrophe mitverantwortlich gemacht hatte. Spinola hatte unter anderem die Verbauung von Flusstälern, überdimensionierte Straßen und die Nichtbeachtung von Schutzzonen am Atlantik gerügt. Jardims Amtsnachfolger Michael Albuquerque gehört ebenfalls der PSD an, die damit weiterhin die politischen Geschicke Madeiras bestimmt.

Metropole und Touristenzentrum
Funchal ist mehr als die Hauptstadt Madeiras. Fast die Hälfte der rund 265 000 Inselbewohner leben in der Metropole; sie ist das touristische Zentrum der Insel mit einem eigenen, noch immer wachsenden Hotelviertel, neuer Uferpromenade und einem Jachthafen, für den es Aus- und Umbaupläne gibt, seit der Frachtverkehr ausgelagert wurde; mit einer Drahtseilbahn in den Bergort Monte, reichlich Ausgeh- und Einkaufsmöglichkeiten – und immer neuen Wohnsilos in der Peripherie.

Hat gut lachen: eine glückliche Hutträgerin auf der Blumeninsel im Atlantik

Stolz präsentieren die Teilnehmerinnen am Blumenfest in Funchal ihre Kostüme.

Auch beim Weinfestival in Madeiras Hauptstadt Funchal schätzt man zünftige Blasmusik.

In der Ferne schaukelt das Meer, hoch oben blinzelt der Mond, und ein Gitarrero spielt leise Weisen im Hotel Reid's Palace: Viel zu schön, um wahr zu sein?

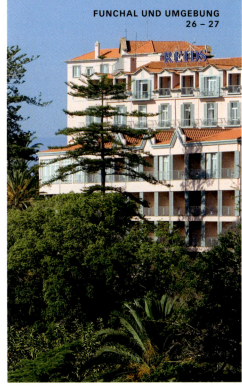

FUNCHAL UND UMGEBUNG
26 – 27

Reid's Palace: Im gleißenden Sonnenlicht wirkt die Hotellegende nicht ganz so romantisch.

Madeiras Gärten

Special

Blütenparadies von Menschenhand

Seine Gärten verdankt Madeira Geschäftsleuten aus Adel und Bürgertum, die schon vor zwei, drei Jahrhunderten Parks um ihre Landsitze (Quintas) anlegen ließen.

Zu den ältesten erhaltenen Gärten zählt jener der Weinhändlerfamilie Blandy. Zwischen deren Villa und dem einstigen Jagdhaus, das heute den Kern eines kleinen Luxushotels bildet, wachsen Passionsblumen aus Südamerika, Tuberosen und Blutlilien aus Mexiko, Granatäpfel aus China, Thunbergia aus Indien, Zedern aus Kenia. Mit über tausend Pflanzengattungen, darunter der madegassische Blütenbombenbaum, Korallensträucher und Schwanenhalsagaven, bezaubert auch das Areal der Quinta Estrela in Caniço, heute als Hotelanlage unter dem Namen Quinta Splendida bekannt. Ihre Gärtner arbeiten eng zusammen mit dem

Wahrzeichen: die Paradiesvogelblume

Jardim Botânico in Funchal, der bereits im 17. Jahrhundert als Wunschprojekt in den Chroniken der Insel stand. Über 2000 tropische und subtropische Gewächse sprießen auf dem vier Hektar großen Areal. Der Bergort Monte nennt sogar zwei wunderbare Blütenparks sein eigen: den Jardim do Imperador und den Jardim Tropical Monte Palace.

2008 feierte man in Funchal, dem bereits im Jahr 1508 die Stadtrechte durch den portugiesischen König Manuel I. verliehen wurden, den 500. Geburtstag. Seinen Namen hat der Ort, weil es hier zur Zeit der portugiesischen Besiedlung nach wildem Fenchel, *funcho*, duftete. Auf einer Seekarte im berühmten Medici-Atlas taucht die Atlantikinsel erstmals im Jahr 1351 unter dem Namen Isola del legname („Holzinsel") auf. Wann und von wem das Eiland zuerst entdeckt wurde, ist nicht bekannt. Als gesichert gilt jedoch, dass Madeira die erste außereuropäische Insel ist, die dauerhaft von Europäern besiedelt wurde.

Besuch im Höllenschlund

Im Jahr 1418 erblickten die beiden portugiesischen Kapitäne João Gonçalves Zarco und Tristão Vaz Teixeira – im Auftrag Heinrichs des Seefahrers unterwegs zur Erforschung der afrikanischen Westküste – erstmals Madeira, wurden aber vom Sturm abgetrieben und landeten auf Porto Santo. Erst im folgenden Jahr wagten sie die Überfahrt nach Madeira. Aufgrund der zuweilen dramatischen Wolkenbildung hegte Zarco nämlich die Befürchtung, es könne sich bei diesem Flecken Erde um einen „Höllenschlund" handeln. Zarco, der mit seiner Gattin Constança Rodrigues insgesamt acht

Mercado dos Lavradores, Markt der Bauern:
Von Montag bis Samstag herrscht Hochbetrieb…

…in der Markthalle von Funchal, wo man neben frischem Obst, knackigem Gemüse, betörenden Blumen natürlich auch Fleisch bekommt.

Und wie man an den Hüten unschwer erkennt, schlendern auch Touristen gern an Funchals Marktständen vorüber.

Kaiserin Elisabeth verbrachte einst den gesamten Winter auf Madeira.

Kinder zeugte, regierte anfangs von Funchal aus die westliche Hälfte Madeiras, während sein Reisegefährte Tristão Vaz Teixeira in Machico über den Ostteil des Eilands herrschte und Bartolomeo Perestrelo die kleine Nachbarinsel Porto Santo als *capitaneria* erhielt. Nachdem König Manuel I. die beiden Teile Madeiras vereinigt hatte, wurde Funchal 1497 alleinige Kapitale. Seit diesen Tagen ist die Stadt weit von ihrer hufeisenförmigen Bucht an den Berghängen hinaufgekrochen und am Küstensaum gen Südwesten gewuchert. Der historische Stadtkern sowie das alte Fischerviertel wurden an vielen Stellen verkehrsberuhigt oder ganz zur Fußgängerzone erklärt.

Die schöne Kaiserin

Madeira hat eine beachtliche Zahl berühmter Besucher und Bewohner aufzuweisen. Kaiserin Elisabeth traf erstmals Ende November 1860 in Funchal ein. Sie verbrachte den gesamten Winter auf Madeira und logierte in einem privaten Herrenhaus. Bei einem erneuten Besuch Ende 1893 nahm sie im noblen „Reid's Palace" Quartier. Dessen Gründer William Reid, 1822 als eines von zwölf Bauerskindern in Schottland geboren und auf ärztlichen Rat vom Vater in ein „besseres Klima" geschickt, verdiente sich als Schiffsjunge seine Passage nach Madeira. Dort fand er zunächst Arbeit in einer Bäckerei, später stieg er in den

Câmara de Lobos ist das traditionelle Zentrum der heimischen Fischerei. Morgens kehren die Petrijünger in den Hafen zurück und haben tagsüber schon mal Zeit zum gemeinsamen Kartenspiel. Getrockneter und gesalzener Stockfisch, einst die Grundversorgung der Seeleute, gilt heute als Rarität.

„Außer dem Entdecktwerden ist dieser Insel nichts an Bedeutung zugestoßen."

Björn Hausen

Lichter der Hauptstadt: Das urbane Zentrum der Insel erstreckt sich über die gesamte Bucht und die Hänge hinauf.

Stickereien

Fadenkunst in britischer Manier

Special

Heute werden die traditionellen Blüten und Ranken auch in anderen Farben gestickt.

Die Kunst des Stickens ist in Madeiras Chroniken bereits im 16. Jahrhundert erwähnt. Meist entstanden die feinen Nadelarbeiten allerdings nur für den privaten Gebrauch. Bis heute haben einige vornehme Familien ihre eigenen Stickmuster und Stickerinnen.

In großem Stil betrieb man die Stickerei erst ab dem 19. Jahrhundert: Elisabeth Phelps, Tochter eines englischen Weinhändlers und Schulleiters auf Madeira, kam durch die Nonnen des Santa-Clara-Klosters in Kontakt mit einem Waisenhaus bei Santana. Dort lehrte sie die Mädchen die vornehme englische Feinstickerei. Bei jeder ihrer Reisen in die britische Heimat nahm sie einige *bordados* ihrer Schülerinnen zum Verkauf mit – 1851 lud man Lady Phelps mit ihrer zarten Ware sogar zur Weltausstellung in London ein. Dort nahmen sich Franck und Robert Wilkinson ihrer an. Die beiden Kaufleute legten später den Grundstein für die „Industrialisierung" der Madeira-Stickerei.

1862 waren über tausend Stickerinnen auf der Insel offiziell registriert. Im frühen 20. Jahrhundert erlebte die Stickkunst auf Madeira eine echte Blüte. Heute sticken nur noch wenige Frauen in Heimarbeit für den kargen Lohn einer der *fabricas de bordado*. Von den Stickereimanufakturen erhalten sie Material und Muster, die fertigen Stücke werden später dort gewaschen, gebügelt und geprüft.

Für moderate Preise steht das Prüfzeichen des „Instituto do Vinho, do Bordado e do Artesanato da Madeira" (IVBAM) aber keineswegs. Echte Madeira-Stickerei ist teuer, egal ob auf Leinen, Baumwolle, Organza oder Seide. Die heute in den Souvenirshops zahlreich ausliegenden bunt bestickten Taschentücher, Servietten und Blusenkragen stammen meist nicht von der Insel, sondern aus asiatischen Manufakturen.

Weinhandel ein. Er vermählte sich mit Margaret Dewey, die als Gesellschafterin für eine englische Lady auf die Insel gekommen war. Zu dieser Zeit hatte sich Madeira schon als beliebtes Ziel für betuchte Winterflüchtlinge etabliert. William und Margaret begannen damit, großzügige Häuser an die wohlhabenden Fremden zu vermieten. Bald besaßen sie ihre eigene Villa und wagten sich an erste kleinere Hotelprojekte. 1887 begannen die Bauarbeiten für die von William erträumte Luxusherberge. Der aber erlebte die Eröffnung seines noblen „New Hotel" nicht mehr, seine beiden Söhne übernahmen die Leitung. Prominente kamen zuhauf; 1901 etwa trug sich Captain Scott auf seinem Weg in die Antarktis ins Gästebuch ein. Bis 1925 blieb das „Reid's" in Familienbesitz, dann erzwangen wirtschaftliche Schwierigkeiten den Verkauf. Der illustren „Prominenz" des Hotels schadete das nicht: Winston Churchill war einer von vielen, die gern hier logierten.

Das afrikanische Tabu

Madeira hat viele Gesichter, im übertragenen wie im realen Sinn. Zwar bildeten eine Handvoll Siedler aus dem Norden Portugals und aus dem Alentejo die Keimzelle der Insel. Durch Sklaventum, militärische Intervention, Handel und Re-Immigration bzw. Einwanderung ergab sich aber auch ein vielfältiger Völkermix. Außer den arabischstämmigen Spaniern, den Afrikanern und Berbern des Maghreb, den Italienern und Flamen, die im 15. Jahrhundert wegen des Zuckerrohrs kamen, steuerten französische, britische und iberische Soldaten ihren Anteil zum Schmelztiegel Madeira bei. Während jedoch viele Inselbewohner problemlos oder sogar stolz das unterschiedliche europäische – hier vor allem das britische – Erbe akzeptieren, ist die Nähe zu Afrika geradezu ein Tabu. So gibt es weder eine direkte Flug- noch eine Schiffsverbindung zum Schwarzen Kontinent, der doch deutlich näher liegt als das portugiesische Mutterland. Und

Im Uhrzeigersinn: fröhlich spielende Kinder in den Gassen von Funchal, das vom einstigen Zuckerboom kündende (derzeit wegen Renovierung geschlossene) Zuckermuseum „Núcleo Museológico da Cidade do Açúcar", das schicke Designhotel The Vine und das – architektonisch angeblich einer Dornenkrone nachempfundene – Casino der Hauptstadt

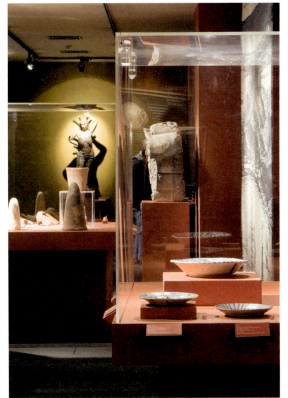

FUNCHAL UND UMGEBUNG
34 – 35

nahezu empört weisen Einheimische Bemerkungen zurück, ihre frühen Ahnen seien womöglich nicht ausschließlich europäischer Herkunft. Dabei hat die Universität von Madeira den wissenschaftlichen Beweis genau dafür erbracht: Auf der Suche nach Knochenmarkspendern fanden die Mitarbeiter des Labors für Humangenetik in Funchal in einer Studie heraus, dass sich das für eine Transplantation relevante Zellmaterial der Inselbewohner grundlegend von dem der Festlandportugiesen unterscheidet. Woran das wohl liegt? Die Differenz sei dem Einfluss afrikanischer Gene geschuldet, bekräftigt der Forscher und Projektkoordinator Helder Spinola.

Transport auf Kufen und am Kabel
Noch bis in die erste Hälfte des 20. Jahrhunderts überzog nur ein Netz schmaler, steiler Pflasterwege Madeira. Für Pferd und Wagen, Esel oder Muli waren diese *veredas* oft ungeeignet. So erfolgte der Transport von Waren und Personen in der Regel zu Fuß. In Hängematten (*rede*) oder Sänften (*palaquim*) trug man Alte oder Kranke; später ließen sich auch wohlhabende Fremde auf diese Weise zum gewünschten Ziel transportieren.

Mitte des 19. Jahrhunderts kam dann in Funchal der Ochsenschlitten (*carro de bois*) auf. Ein englischer Major soll das Kufengefährt für seine offenbar ebenso gewichtige wie geliebte Gattin erfunden haben. Auch der Korbschlitten (*carro do cesto*) ist eine englische Erfindung: Angeblich suchte ein einfallsreicher britischer Handelsherr aus dem Bergort Monte ein Beförderungsmittel, das ihn rasch und bequem hinab in sein Kontor in Funchal bringen konnte. Zwei Laufburschen lenkten den für die steilen und engen Gassen perfekt passenden Weidenkorb und zogen ihn dann wieder die Hänge hinauf. Später gab es eine Zahnradbahn. Heute verkehrt aus der Altstadt von Funchal eine moderne Kabinenseilbahn in den Wallfahrtsort – wie auch zwischen dem Botanischen Garten der Metropole und Monte.

DUMONT
THEMA

ARCHITEKTUR

Beton kontra Natur

Immer neue Bauideen und ein fast flächendeckendes Schnellstraßennetz haben Madeira und seinen Bewohnern nicht nur ein fortschrittliches Image, sondern auch viele Probleme eingebracht.

Zu Anfang des neuen Jahrtausends setzte Paulo David ein mutiges Zeichen: Hoch oben auf einer Klippe bei Calheta schuf er für das neue Kunstzentrum des Ortes einen kantigen Bau mit dunkler Lavasteinfassade. Das wuchtige Gebäude brachte dem jungen portugiesischen Architekten zahlreiche Preise ein. Viele Einheimische indes beäugten den zwischen Himmel und Meer balancierenden schwarzen Quader recht skeptisch. Inzwischen gilt die Aufmerksamkeit der Madeirer jedoch längst anderen Zeugnissen zeitgenössischer Architektur: der flachen Kunststoffröhre des 2010 eröffneten Kreuzfahrtterminals am Hafen von Funchal zum Beispiel. Oder dem neuen Hotel- und Apartment-Ensemble „Saccharum Resort" vor den Toren von Calheta.

Warnende Worte unerwünscht

Madeira ist von alters her ein interessantes Terrain in Sachen Architektur. Von der strohgedeckten Casa do Colmo, in der Mensch und Vieh gemeinsam Unterschlupf fanden, über die Quintas der Großgrundbesitzer bis zu den Stadtpalästen der Zuckerbarone und den Gartenvillen der englischen Weinhändler reichte das Spektrum bereits im 19. Jahrhundert. Mit Oscar Niemeyers Spielcasino für Funchal begann im Jahr 1966 auch in Madeira die Ära des Bauens in Beton. Rasch wurden Wohntürme aus diesem Material hochgezogen, Küstensäume zu Bade- und Sonnenplattformen versiegelt, Uferpromenaden angelegt, eine neue Flughafenpiste auf Stelzen hart an die Inselkante gebaut. In den Buchten entstanden Jachthäfen, Hotels rückten an die schmalen Strände.

Die mahnenden Worte erfahrener Fischer, die vor der entfesselten Wut der Atlantikwellen warnten, wollte niemand hören. Es wurde in vielen Fällen einfach munter drauflos gebaut mit den EU-Millionen, die der bis Anfang 2015 amtierende Inselpräsident Alberto João Jardim für seine Heimat in Brüssel hatte lockermachen können.

Eine fürchterliche Bilanz

Nachdem im Februar des Jahres 2010 Sturzfluten und Schlammlawinen auf Madeira vierzig Todesopfer gefordert hatten – fast hundert Men-

Aufräumarbeiten nach den verheerenden Sturzfluten im Februar 2010 in Funchal: Hier wird eine Boutique vom eingedrungenen Schlamm gesäubert.

FUNCHAL UND UMGEBUNG

Preisgekrönt: Paulo Davids Kunstzentrum in Calheta nimmt architektonisch Bezug auf seine terrassierte Umgebung. Die drei Ausstellungsbereiche wurden individuell gestaltet.

Bauboom

Neubauten im Wert von fast 60 Millionen Euro weihte Inselpräsident Alberto João Jardim allein im Sommer 2009 auf Madeira ein. Bis 2010 entstanden auf der Insel fast 30 neue Straßentunnels; mehr als drei Dutzend Baufirmen und Architekturbüros weist das Telefonbuch von Madeira auf. Das Unwetter vom 20. Februar 2010 verursachte einen Sachschaden von 1,08 Milliarden Euro.

schen wurden verletzt und annähernd sechsmal so viele verloren ihre Wohnungen oder Häuser –, stellten jedoch bald auch Madeiras Medien die Frage: Wie konnte es zu einer so fürchterlichen Bilanz kommen? Und es wurden Stimmen laut, welche die städteplanerische und architektonische Entwicklung der Atlantikinsel anprangerten.

Kritische Worte hatte es zwar vorher schon mitunter gegeben, etwa nachdem der neu konzipierte Jachthafen für Lugar do Baixo zweimal durch die Kraft des Meeres komplett zerstört worden war. Doch immer wieder wurden Vorwürfe der Korruption und Vetternwirtschaft, die dem seit 1978 amtierenden Inselpräsidenten zusätzlich zu seinem Spitznamen „Onkel Alberto" jenes des *padrinho*, des „Paten", einbrachten, unter den Tisch gekehrt.

Das Gros der Madeirer übt Nachsicht mit Jardim. Der wirtschaftliche Fortschritt der Insel, so sagen sie mit stolzem Lächeln, spreche doch für sich. Madeira hat nach Lissabon inzwischen den zweithöchsten Lebensstandard Portugals.

Wegschauen als Lösung?

Was macht es da schon aus, wenn die Kanäle in Funchal bei Starkregen in schönster Regelmäßigkeit überquellen, weil das Abwassersystem natürlich nicht dem ständigen Zuwachs an Bewohnern angepasst wurde? Was macht es schon, wenn die neue Uferpromenade in Câmara da Lobos immer wieder durch die vom Atlantik heranrollenden Brecher heftig beschädigt wird?

Und was macht es nicht zuletzt, wenn die Dörfer zu veröden beginnen? Wenn dort Schulen, Restaurants und Läden schließen, weil die Landbevölkerung mit dem Auto über das neue Schnellstraßennetz in die neuen Shopping-Zentren saust, wenn sie Kindergeburtstage in den Fastfood-Lokalen der Metropole feiert und den Nachwuchs auch dort oder zumindest in der nächsten Kreisstadt zum Unterricht schickt?

INFOS & EMPFEHLUNGEN

FUNCHAL UND UMGEBUNG
38 – 39

Urbanes Flair und reichlich Grün

Hauptstadtflair und jede Menge Grün prägen die Südküste um Funchal. Churchills Lieblingsfischerort und das Refugium von Österreichs letztem Kaiser zählen zu den Nahzielen der Metropole. Ein spektakulärer Talkessel und eine der höchsten Steilklippen der Welt liegen nur wenige Kilometer entfernt.

❶ Funchal

Madeiras Metropole eint auf engstem Raum mehr als fünf Jahrhunderte Geschichte und den Geist der Moderne. Das zeigt schon der erste Blick auf die Stadt, die diesen Status bereits seit 1508 besitzt und heute das wichtigste Handels-, Fremdenverkehrs- und Kulturzentrum des gesamten Archipels ist. Als größter Landkreis Madeiras umfasst Funchal zehn Gemeinden; den historischen Stadtkern bilden die Viertel Santa Maria, Sé und São Pedro.

SEHENSWERT

Gleich drei Flüsse münden in Funchal ins Meer: Ribeira de São João, Ribeira de Santa Luzia und Ribeira de João Gomes. Am östlichen Ufer des letztgenannten – der im Zuge der Hafenarbeiten mit seinen beiden Brüdern zu einer einzigen Mündung zusammengeführt werden soll – liegt die Keimzelle der Stadt, das alte Fischerviertel (Zona Velha) **Santa Maria.** In seinen Gassen rund um die Capela do Corpo Santo und das Fort São Tiago hat sich eine Vielzahl von Restaurants angesiedelt. Über ihre Tische schwebt die Seilbahn nach Monte empor. Die Rua Santa Maria, über die man zur historischen Gemüse- und Fischmarkthalle **Mercado dos Lavradores TOPZIEL** (Mo.–Do. 8.00 bis 19.00, Fr. 7.00–20.00, Sa. 7.00–14.00 Uhr) gelangt, ist bereits um 1430 verbrieft und somit die älteste Straße Funchals. Spätestens seit 1469 findet sich die Rua da Alfândega in den Annalen, die Straße des Zollamts, die einst Rua dos Mercadores hieß, da an ihrem Saum früher u. a. Fisch- und Stiefelmarkt angesiedelt waren. Westlich der Ribeira de Santa Luzia beginnt das Viertel der **Kathedrale** (Sé). Das 1514 erbaute Gotteshaus besticht durch seine manuelinische und spätgotische Linienführung sowie eine der schönsten Holzdecken Portugals. Über autofreie Gassen gelangt man nördlich der Sé zum schwarz-weiß gepflasterten **Rathausplatz** (Praça de Municipio). Der **Barockpalast** an seiner Stirnseite, in dem heute die Stadtväter residieren, war ursprünglich der Wohnsitz des Grafen João José Carvalhal. Die gesamte Westseite des Rathausplatzes dominiert der mächtige Riegel des ehemaligen **Jesuitenkollegs.** Seit der Nelken-Revolution

In der Inselhauptstadt gibt es viel zu entdecken – ein besonderes Highlight ist der Botanische Garten von Funchal.

1974 ist dort die Universität von Funchal untergebracht. Die Hauptfassade der in den Kollegiumskomplex integrierten **Igreja do Colégio** zieren die Statuen von vier Heiligen des Jesuitenordens, der lange aktiv war auf Madeira. An der Ostseite des Rathausplatzes liegt das **Bischofspalais.** Über die schmale Rua da Carreira aus dem frühen 16. Jh. gelangt man hinauf zur steilen Calçada de Santa Clara, an deren Saum die Kirche **São Pedro** (16. Jh.), das rote **Casa-Museu Frederico de Freitas** und der **Convento de Santa Clara** (Mo.–Sa. 10.00 bis 12.00 und 15.00–17.00 Uhr; an der Pforte klingeln) liegen. Das Kloster (15. Jh.) birgt die Grabstätte von Zarcos Schwiegersohn. Zarco selbst wohnte an der Stelle der heutigen **Quinta das Cruzes,** zu Füßen des Pico dos Frias, auf dessen Kuppe sich seit Anfang des 17. Jh. die wuchtige, dunkle **Fortaleza do Pico** erhebt. Ein Denkmal zu Ehren Zarcos steht in der Nähe des Hafens, am Beginn der **Avenida Arriaga.** Die von Jacaranda-Bäumen beschattete breite Hauptader Funchals ist inzwischen weitgehend verkehrsberuhigt. Vom historischen, bis auf Weiteres geschlossenen **Golden Gate Café** flaniert man, vorbei an der Festung São Lourenço, der **Blandy's Wine Lodge** (www.blandyswinelodge.com; Mo.–Fr. 10.00 bis 18.30, Sa. 10.00–13.00 Uhr, Führungen für max. 10 Personen auch auf Deutsch: Mo.–Fr. 11.00 Uhr, Sa./So. 10.30 und 14.30 Uhr, vorbuchen über die Website oder Tel. 291 22 89 78) und dem **Stadtpark** (19. Jh.) bis zum **Teatro Municipal Baltazar Dias** aus dem 19. Jh. mit seinem beliebten Café. Durch die benachbarte **Shoppinggalerie** oder über das Sträßchen an der Flanke der historischen Handelskammer mit ihren schönen Azulejo-Bildern geht es zum **Hafen** hinab, mit dem umstrittenen, 18 Mio. teuren, nach den tragischen Unwettern von 2010 erbauten und im August 2015 erstmals angefahrenen, gut 300 m langen und 22 m breiten „Cais 8" parallel zum Kai des Kreuzfahrtterminals. An die Praça do Infante mit ihrem vom Wasser eines Springbrunnens überspülten Weltkugelmonument schließt sich westlich des Hafens der großzügige **Parque de Santa Catarina** an. An seinem unteren

INFOS & EMPFEHLUNGEN

Saum schimmert eine weiße Barockkapelle: die **Capela de Santa Catarina.** Sie steht angeblich an jener Stelle, an der schon die Frau des Inselentdeckers Zarco eine erste Kapelle errichten ließ. Im oberen Teil des Parks fällt die rosafarbene **Quinta Vigia** (ursprüngl. Quinta das Augústias genannt) ins Auge, der offizielle Wohnsitz des Inselpräsidenten. Zwar birgt das Gebäude nur Büros, es ist aber nicht zugänglich für Besucher. An der Stelle der tatsächlichen Quinta Vigia, neben dem von Oscar Niemeyer, dem Architekten des modernen Brasília, in Gestalt einer Dornenkrone geschaffenen **Casino,** erinnert die Bronzefigur der österreichischen Kaiserin Elisabeth (Sisi) an deren ersten Madeira-Aufenthalt. Etwas weiter westlich erhebt sich auf einer Klippe inmitten eines herrlich angelegten Gartens das Hotel **Reid's Palace,** auf dessen schwarz-weißer Terrasse noch immer ein typisch britischer Afternoon-Tea serviert wird. Die Traditionsherberge markiert den Beginn des Hotelviertels an der Estrada Monumental. Am Küstensaum des Viertels legte man eine begrünte **Promenade** an, welche die **Meeresschwimmbäder Lido, Poças do Governador** und **Poças do Gomes** verbindet und inzwischen über die Praia Formosa weiterführt bis nach Câmara da Lobos.

MUSEEN
Eine interessante Sammlung flämischer Gemälde des 15./16. Jhs. und historische Kirchenkunst versammelt das **Museu de Arte Sacra** im einstigen Bischofspalast (Rua do Bispo 2, www.museuartesacrafunchal.org; Di.–Sa. 10.00–12.30 und 14.30–18.00, So. 10.00–13.00 Uhr). Das **Museu de Fotografia Vicentes** bietet derzeit lediglich eine virtuelle Ausstellung an (www.photographiamuseuvicentes.gov-madeira.pt). Umgeben von einem herrlichen Garten, spiegelt das Museum **Quinta das Cruzes** (Calçada do Pico 1, www.museuquintadascruzes.com; Di.–So. 10.00–12.30 und 14.00–17.30 Uhr) den Lebensstil wohlhabender Bürger im 18. Jh. Wertvolle Stickereien bilden den Schwerpunkt des **Instituto do Vinho, do Bardado e do Artesanato da Madeira / IVBAM** (Rua Visconde do Anadia 44; Mo.–Fr. 9.30–12.30 und 14.00–17.30 Uhr, www.bordadomadeira.pt), dem auch das Zentrum für Mode und Design angeschlossen ist. Seit 2013 hat auch der Fußballer Cristiano Ronaldo mit dem **CR7** sein eigenes Museum (Princesa Dona Amelia 10, Di.–So. 10.00–18.00 Uhr).

EINKAUFEN
Hochwertige Stickerei findet man u. a. bei **João Sousa Viola** (Rua Latino Coelho 8). Marmeladen aus lokalen Früchten und verschiedene Kekse sind die Spezialität der **Fábrica Santo Antonio** (Travessa do Forno 27). Drei Brüder führen das Traditionsunternehmen **D'Oliveiras** (Rua dos Ferreiros 107, www.vinhomadeira.pt), zu dem inzwischen eine Handvoll lokaler Hersteller und Madeirawein-Exporteure zählen. Kunsthandwerk gibt es in der **Casa do Turista** (Rua do Conselheiro José Silvestre Ribeiro 2). Tischweine und Kolumbus-Geschichte paart das Geschäft **Diogos** (Avenida Arriaga 48). Eine neue angesagte Shoppingadresse sind die **Armazém do Mercado** (R. Hospital Velho 38, Funchal, www.armazemdomercado.com) mit vielen Shops u. a. für Süßes und Blumen.

AKTIVITÄTEN
Stadtrundfahrten im Doppeldeckerbus startet Carristur regelmäßig von der Avenida do Mar (Höhe Fort São Lourenço); im Hafen lassen sich Touren zum **Hochseefischen** buchen.

VERANSTALTUNGEN
Farbenfroh und fast brasilianisch mutet der **Karneval** mit großem **Samstags-Umzug** an. Das schönste Fest ist das **Blumenfest** (Festa da Flor) im April. Ohrenschmaus verspricht Anfang Juli das **Funchal Jazz Festival** (www.funchaljazzfestival.com) im Santa-Catarina-Park. Das **Atlantic-Festival** (gesamter Juni) eint Musik, Show und Feuerwerk. Pyrotechnischer Jahreshöhepunkt ist die bengalische Erleuchtung der Hafenbucht an **Silvester.**

RESTAURANTS
Bodenständige Kost nahe der Kathedrale serviert die € **Snackbar Murcas.** Von der Weizensuppe bis zum Espada-Filet wird alles frisch zubereitet (Rua das Murcas 81, Tel. 291 23 87 02). €€€ **Il Gallo d'Oro** (im Cliff Bay Hotel, Estrada Monumental 147, Tel. 291 70 77 00, http://ilgallodoro.portobay.com) ist Madeiras erstes Sterne-Restaurant.

HOTELS
Sechs mit historischen Möbeln eingerichtete Zimmer in einem Stadthaus aus dem 19. Jh. bietet das €/€€ **Vitorina Corte Guesthouse** (Rua de Santa Maria 279, Tel. 291 22 02 49, http://vcguesthouse.eu). Ruhe und zeitgenössischer Luxus mit viel Holz kennzeichnen die in einem kleinen Park gelegene €€€ **Quinta da Casa Branca** (Rua da Casa Branca 7, Tel. 291 70 07 70, www.quintacasabranca.com).

Kunst an Türen

In der Rua Santa Maria fing alles an – inzwischen hat das Projekt Arte Portas Abertas zehn weitere Straßen in der Altstadt Funchals erreicht. Die erste Tür eines verlassenen Hauses gestaltete im April 2011 Marcos Milewski; später machten sich u. a. die Künster Eelena Berenguer, Antonio Cruz, Martinho Mendes, Rui Soares, Luis Filipe, Irene Quntal und Paulo Sergio Beju ans Werk. Allein in der Rua Santa Maria wurden bislang rund hundert „portas" gestaltet.

INFORMATION
www.arteportasabertas.com/en

Bei den Ausfahrten mit der „Santa Maria" winken neben Badestopps auch Begegnungen mit Delfinen.

UMGEBUNG
Etwa 3 km nordöstlich des historischen Stadtzentrums liegt der **Botanische Garten TOPZIEL** von Funchal (tgl. 9.00–17.30 Uhr). Das Areal gehörte einst der Hotelfamilie Reid; ihre Villa beherbergt inzwischen ein Naturkundemuseum. Am Rand des Jardim Botânico steht die Talstation einer Seilbahn, die über das dicht bewachsene Tal der Ribeira de João Gomes nach Monte führt. Rund 10 km östlich von Funchal liegen die **Palheiro-Gärten,** auch bekannt unter dem Namen „Blandys Garden" (Mo.–Fr. 9.00–16.30 Uhr, www.palheirogardens.com), mit Teehaus.
Zu einem vorrangig deutsch geprägten touristischen Areal mit zahlreichen (Sport-)Hotels und Apartmentanlagen hat sich das ehemals landwirtschaftlich geprägte **Caniço** entwickelt, vor allem im Küstenbereich (Caniço do Baixo). Dem Klarissinnenorden gehörte einst das tiefste Tal der Insel; immer wieder zogen sich die frommen Schwestern dorthin zurück, wenn Piraten Funchal angriffen. Der „Stall der Nonnen", portugiesisch: **Curral das Freiras,** liegt 20 km nördlich von Funchal und wirbt vor allem mit seinen Kastanienprodukten. Einer der schönsten Blicke in den Talkessel bietet sich vom bewirtschafteten Aussichtspunkt Eira do Serrado.

INFORMATION
Direcção Regional de Turismo, Av. Arriaga 18, Tel. 291 21 19 00, www.visitmadeira.pt

② Monte

Das kühle Klima, die reiche Vegetation, der schöne Blick auf das Meer und die Nähe zur Inselhauptstadt machten das historische Garnisonsstädtchen Monte schon im 19. Jh. zur begehrten Adresse bei reichen Europäern. Heute steht Monte in erster Linie für die Tradition des Korbschlittenfahrens, den letzten Kaiser von Österreich und die wundertätige Jungfrau vom Berg, die 1803 Funchal vor einer Hochwasserkatastrophe gerettet haben soll.

SEHENSWERT
Auf dem von Platanen beschatteten **Largo da Fonte** steht noch heute das Stationsgebäude der historischen Zahnradbahn. Der Platz hat seinen Namen von der Quelle, die hier aus der Felswand sprudelt. In der Senke unterhalb liegt der über 100 Jahre alte **Stadtpark.** Er zieht

sich bis zur Wallfahrtskirche **Nossa Senhora do Monte** (17. Jh.) hinauf. In einer Seitenkapelle kann man das Grab von Karl von Habsburg besuchen, Österreichs letztem Kaiser. Er logierte die letzten Lebenstage als Gast in einer privaten Quinta, deren Gärten heute **Jardins do Imperador** heißen (Camino do Pico; Mo.–Sa. 9.30–17.30 Uhr). Weitere Pflanzenpracht verheißt der **Jardim Tropical Monte Palace** (Caminho das Babosas, www.montepalace.com; tgl. 9.30–18.00 Uhr). An seinem Seiteneingang, direkt unterhalb der Kirche, gehen jeden Morgen die Korbschlittenlenker (carreiros) in Stellung. Leider endet die **Korbschlittenfahrt** wegen des Verkehrs in Funchal heute meist schon in Livramento.

INFORMATION
siehe Funchal

❸ Câmara de Lobos

Geschützt zwischen zwei vulkanischen Felsklippen liegt der im Kern schön restaurierte historische Fischerort. Heute gilt der Ort mit seinen vielen Bars als Ausgehspot.

SEHENSWERT
Vor allem rund um den **Hafen** hat sich Câmara de Lobos einiges von seinem ursprünglichen Reiz bewahrt. Die Hafenkapelle **Nossa Senhora de Conceição** mit Fischerszenen im Inneren wurde schon vor 1425 erbaut, im 18. Jh. dann renoviert und umgestaltet. Durch enge Gassen geht es von ihr hinauf zur Pfarrkirche **Igreja de São Sebastião** (18. Jh.) und zum neu gestalteten Largo da Republica oberhalb der neuen Badeanlage.

AKTIVITÄTEN
In den modernen Produktionsstätten von **Henriques e Henriques** (Avenida da Autonomia 10, Tel. 291 94 15 51, www.henriquesehenriques.pt) kann man Madeirawein verkosten.

RESTAURANT
Frischer Fisch in lichtdurchflutetem Ambiente: € € **Vila do Peixe** (Rua Dr. João Abel de Freitas 30 A, Tel. 291 09 99 09, www.viladopeixe.com).

UMGEBUNG
Vom Weinbauort **Estreito de Câmara de Lobos,** der alljährlich zur Traubenlese ein großes Fest anberaumt, gelangt man längs der Levada do Norte hinunter zum **Cabo Girão,** Europas zweithöchster Klippe. Besonders schön ist die Wanderung im Frühjahr, wenn oberhalb von Nogueira die Kirschhaine blühen. **Fajã dos Padres,** noch 2 km weiter westlich, ist ein Privatstrand mit Restaurant und neun historischen, für Gäste renovierten Häuschen in einem tropischen Obstgarten (www.fajadospadres.com).

INFORMATION
Posto do Turismo, Casa da Cultura, Rua Padre Clemente Nunes, 9300 Câmara de Lobos, Tel. 291 94 34 70, www.cm-camaradelobos.pt

---

Genießen   Erleben   Erfahren

Segeln wie Kolumbus

DuMont Aktiv

Eine der Karavellen des Weltenentdeckers, die „Santa Maria", kreuzt mit schöner Regelmäßigkeit als Replik durch Madeiras Küstengewässer – mehr als fünf Jahrhunderte nach ihrer Jungfernfahrt. Wer mitfahren möchte, muss nur im Jachthafen von Funchal ein Ticket lösen.

Die hölzerne Replik der „Santa Maria" – stolze 22 Meter lang – lief im Juli 1998 im Hafen von Câmara de Lobos an der Südküste Madeiras vom Stapel. Umgerechnet rund 500 000 Euro hatte der damals knapp dreißigjährige Robin Wientje in die Verwirklichung seines Traumes gesteckt. Mit der Fahrt der „Santa Maria" zur Weltausstellung in Lissabon krönte er sein Projekt. Fast 100 000 Expo-Besucher bestaunten dort die Schiffsreplik. Danach segelten der Rotterdamer und seine Mannen das Kolumbus-Flaggschiff zurück zur Heimatinsel Madeira. Seither läuft es regelmäßig zu Touren an der Südküste aus, wobei die Route allerdings von Wind und Wetter abhängig ist. Wer mag, darf die wie historische Piraten gekleidete Crew jederzeit befragen; die Männer erzählen gern. Wenn sie verstummen, haben sie vielleicht Delfine am Horizont entdeckt – oder das Schiff nähert sich seinem Ankerplatz für den Badestopp. Denn bei schönem Wetter kann man einfach über die Reling in die klaren Fluten des Atlantiks springen und ein wenig schwimmen.

Weitere Informationen

Ausfahrten vom Hafen Funchal bei guter Witterung tgl. um 10.30 und 15.00 Uhr, Boarding 30 Min. früher. Die Tour dauert ca. 3 Std. und kostet rund 30 € pro Person, für Kinder unter 12 Jahren ca. 15 €.

Buchung am Kiosk der Santa Maria de Colombo am Jachthafen (Avenida do Mar), im Hauptbüro am Abfahrtskai (Estrada de Pontinha, ehemals Containerhafen). www.madeira-boat-trips.info

Wenn die Crew zum Segelsetzen oder -bergen in die Rahen der „Santa Maria" aufentert, fühlt man sich in die Zeit von Kolumbus zurückversetzt.

CALHETA, SÜDWESTEN
42 – 43

Wasserwege, Wind und Wolken

Knapp eine Stunde nordwestlich von Funchal zeigt Madeira seine einstige Urtümlichkeit. Man spiralt sich über ein Passsträßchen zur rauen Hochebene von Paúl da Serra hinauf, dringt durch mannshohe Baumheide in dichten Lorbeerwald. Wind, Wolken, Sonne und Nebel treiben ein munteres Wechselspiel – Natur pur. Ein faszinierender Kontrast zu den Orten an der Südküste, wo am Saum dichter Bananenfelder moderne Jachthäfen, künstliche Strände und neue Uferpromenaden entstanden sind.

Umgeben von üppigem Grün: Eine wunderschöne Levadawanderung führt ins „Reich der Wasserfälle", in den Talkessel 25 Fontes.

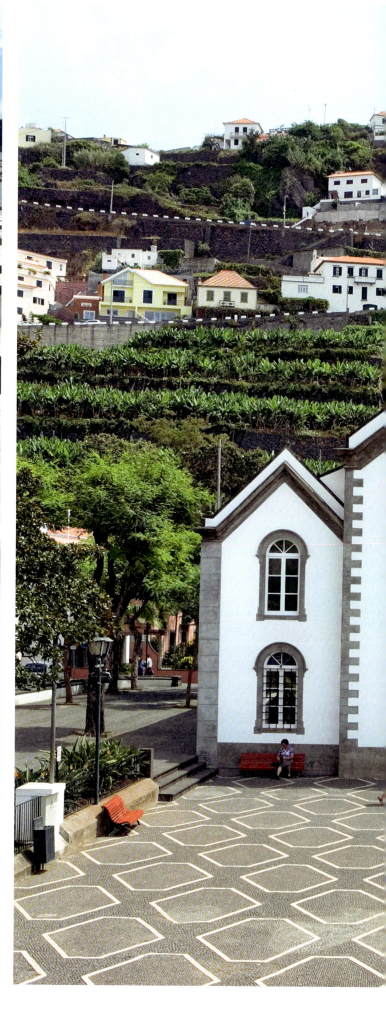

Auf der Mole in Ribeira Brava (ganz oben) und im Hafen von Paúl do Mar. Das Zentrum von Ribeira Brava (rechts) markiert die im 16. Jahrhundert errichtete Dorfkirche Igreja de São Bento mit ihrer blau-weiß gekachelten Kirchturmspitze.

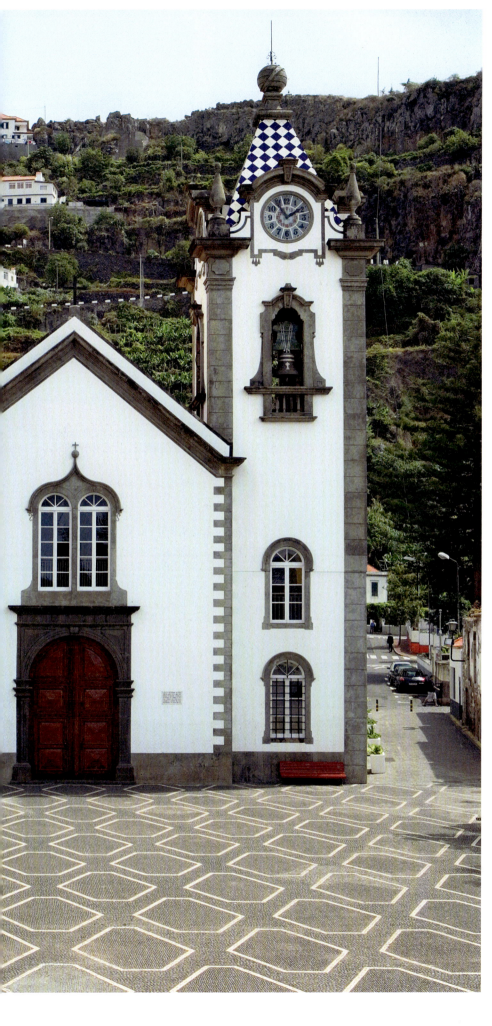

Nur wenige Kilometer von der quirligen Hauptstadt entfernt fällt es nicht schwer, den anderen Rhythmus Madeiras zu spüren, sich mit etwas Fantasie zurückzuversetzen in die Zeit, als hier einzig die Natur den Alltag regierte. Auch wenn inzwischen Windräder, Surfbretter, Flugdrachen und Allradfahrzeuge selbst in dieser Region nichts Ungewöhnliches mehr sind und moderne Architektur sowohl ehemalige Ackerhänge als auch die Meeresküste erobert hat, so gibt es hier doch auch nach wie vor stille Landschaften, die sich nur dem Wanderer erschließen. Vor der Küste kann man Delfine, Wale und Schildkröten beobachten und auf den Höhen eine uralte, wunderschöne Pflanzenwelt.

Ein Meeresgarten

Ribeira Brava, Jardim do Mar, Ponta do Sol, Prazeres – auch auf Madeira tragen viele Orte sprechende Namen. So gebärdet sich der Bach (*ribeira*), nach dem das als Sommerfrische beliebte Küstenstädtchen zu Füßen des Encumeada-Passes benannt ist, im Winter tatsächlich recht wild (*bravo, brava*). Und an der Sonnenspitze (*sol, ponta*) herrscht in der Regel wirklich besseres Wetter als in den Nachbarorten. Im Garten (*jardim*) des Meeres (*mar*), einem breiten, terrassierten Plateau eng am Atlantiksaum, legt die Natur tatsächlich üppige Großzügigkeit an den Tag.

Über die Vielzahl der Freuden bzw. Vergnügen (*prazer*), die Prazeres zu bieten hat, lässt sich indes wenig finden in den Inselannalen. Nach der Jahrtausendwende aber sorgte der Pfarrer des Ortes für gute Laune bei Einheimischen wie Besuchern: Auf einem Grundstück an der Kirche ließ er einen herrlichen öffentlichen Garten anlegen, mit Kräutern und Heilpflanzen, Bäumen, Sträuchern, Blumenbeeten – und einem kleinen Tiergehege. Auch eine Bar gehört zur „Quinta Pedagógica". Hausgemachter Kuchen steht dort auf der Karte und *sidra*, Apfelwein. Anfänglich stammte er

Kein Sein ohne Design, erst recht nicht im Designhotel Estalagem da Ponta do Sol

Küstenidyll bei Paúl do Mar – das tiefblaue Meer, die weiß schäumende Gischt und die rot schimmernden Dächer bilden einen perfekten Dreiklang.

Die Marina von Calheta

Zucker

Pflanzenrohr zum Versüßen der Welt

Special

Zuckerrohr sorgte für die erste wirtschaftliche Blüte Madeiras. Heinrich der Seefahrer brachte es von Sizilien auf die Blumeninsel.

An der Ribeira de Santa Lucia, dem mittleren der drei Flüsse, die bei Funchal ins Meer münden, erbaute man bereits 1450 eine Zuckerrohrmühle – weitere folgten. Kolumbus kam eigens nach Madeira, um Zucker für einen genuesischen Händler zu kaufen. Und Papst Leo X. soll von einem reichen Inselbürger namens Pinheiro eine Nachbildung der konstantinischen Peterskirche aus Zucker zum Geschenk erhalten haben, weil er dessen Sohn Diogo zum ersten Bischof von Funchal ernannt hatte.

Um 1500 exportierte Madeira pro Jahr etwa 1500 Tonnen Rohrzucker nach Europa. Doch allmählich erstarkte die Konkurrenz in Südamerika, und die Insulaner kapitulierten.

Zuckerrohrfabrik in Calheta (seit 1894)

Heute ist kaum noch eine Handvoll Zuckerrohrmühlen auf Madeira in Betrieb. Jeweils im März oder April, wenn das Zuckerrohr reif ist, laufen die Pressen an. Aus dem gesäuberten und zur Verdickung erhitzten Saft (*garapa*) wird dann Zuckersirup gewonnen bzw. Alkohol destilliert. Die faserigen Stängelreste dienen als Viehfutter oder Brennmaterial.

noch vom Bruder des Pfarrers aus Santo da Serra. Inzwischen lässt Padre Rui direkt an der Kirche keltern. Eine wuchtige Presse steht gut sichtbar im Gemüsegarten. Außerdem eröffnete auf dem Kirchengelände die Galeria dos Prazeres für Ausstellungen, Lesungen und kunstpädagogische Ateliers.

Wüstensand aus Marokko

Madeira war nie eine Strandinsel. Es gab nur die Prainha, eine winzige Bucht mit lavagrauem Sand an der Ponta de São Lourenço. Ansonsten fuhr man in die Lavapools von Porto Moniz oder legte sich einfach auf die von der See rundgewaschenen Kiesel am Rand von Ribeira Brava, Ponta do Sol, Calheta oder Madalena do Mar.

Doch dann begannen Joao Jardim und seine Getreuen ihr Spiel mit der Natur. Mit EU-Geldern hatten sie bereits Schnellstraßen über die Insel bauen lassen. Nun mussten noch richtige Strände her und Jachthäfen, um nicht ausschließlich Wandertouristen anzulocken. Mithilfe einer massiven Brandungsmauer entstand in der Bucht von Calheta ein beruhigtes Meeresschwimmbecken. Ungefähr 40 000 Kubikmeter Wüstensand aus Marokko wurden an seinen Enden aufgeschüttet. Auch Calhetas kleiner Hafen wurde aufgepeppt, neue Anlege-

Im Morgenlicht zeigt sich der Encumeada-Pass bei Paúl da Serra von seiner verwunschensten Seite. Nach einer kurzen Rast am Wegesrand geht es gleich weiter. Zu den landschaftlichen Höhepunkten der Levada-Wanderung gehört der Talkessel 25 Fontes, zu den menschlichen eine freundliche Begegnung in Serra de Água (im Uhrzeigersinn).

Insgesamt mehr als 2000 Kilometer lang ist Madeiras Levada-Netz, das zu unvergesslichen Wanderungen einlädt.

stege für Freizeitkapitäne entstanden, dazu eine Laden- und Restaurantzeile. Im benachbarten Lugar do Baixo trotzten die Inselväter dem Meer einen neuen Jachthafen ab. Doch kaum war er fertig, zerstörten hohe Wellen die Schutzmauer des Beckens. Nach ihrer Ausbesserung und Verstärkung rissen gigantische Brecher sie erneut ein. Ganze fünf Monate war die Marina nach ihrer Einweihung zu den Regionalwahlen 2004 in Betrieb gewesen, und da man sich mitten im Wahlkampf befand, wurde ein Metallzaun um das Areal gezogen. Daran befestigte man ein gigantisches Plakat. Es zeigte weißen Strand, planschende Kinder und Sonnenbadende, Boote, belebte Bars und Restaurants. Die Perspektive überzeugte die Wähler – und die Partido Social Democrata (PSD) gewann erneut.

Rund 110 Millionen Euro hat Madeiras Regierung für das ursprünglich auf etwa 36 Millionen Euro veranschlagte Projekt Lugar do Baixo inzwischen in den Sand gesetzt. Erst Mitte 2013 setzten die Wellen dem Jachthafen erneut zu und zerstörten Teile der nachträglich erbauten Schutzmauer. Im Juli 2015 verkündete der Finanzsekretär der neuen Inselregierung schließlich, das Hafenprojekt aufzugeben.

In Calheta hingegen entstand noch in der Aera Jardim etwas Spektakuläres. Die alte Casa das Mudas, in der einst Taubstumme lebten (*muda* bedeutet stumm auf Portugiesisch) und die nach langem Leerstand zum kleinen Kulturzentrum der Gemeinde umfunktioniert worden war, bekam ein neues Nachbargebäude. Zu Füßen des weißen historischen Hauses mit den grauen Sockel- und Laibungsbändern balanciert nun ein wuchtiger moderner Bau auf der schroff zum Atlantik abfallenden Klippe. Seine lavagraue Fassade erinnert an den vulkanischen Ursprung Madeiras, seine Form nimmt das Motiv der traditionell terrassenförmig abgestuften Landwirtschaftsflächen der Umgebung auf. Nach oben offene Höfe und Wegräume gliedern den Komplex; die Innenräume werden durch Oberlichter in der Dachplattform und schmale seitliche Fensterschlitze gezielt belichtet. Immer wieder ergeben sich im gesamten Gebäude überraschende, reizvolle Ausblicke auf die Küstenlandschaft und das Meer. In dem 2005 eingeweihten Gebäude finden Konzerte, Filmfestivals und Theateraufführungen statt, in erster Linie jedoch Ausstellungen – häufig mit Werken aus der Sammlung Berardo, einem in Funchal geborenen, in Südafrika reich gewordenen Geschäftsmann, dem Madeira den Monte Palace Garten verdankt und für dessen Kollektion zeitgenössischer und moderner Kunst sowohl die Stadt Sintra als auch Lissabon – im Kulturzentrum Belém – ein eigenes Museum geschaffen haben. Der Casa das Mudas vermachte José Berardo seine Art-déco-Sammlung.

Vom Wolkenpass ...

Steil und mit zahlreichen Kehren steigt hinter dem Tunnelausgang bei Ribeira Brava die Straße in einem engen Tal

Hortensien und andere Blüten wuchern am Straßenrand.

bergan. Bauern bieten in einer Nische an improvisierten Ständen mitunter Obst und Gemüse feil, einige Meter weiter steht ein großer Supermarkt. Die schmale Häuserzeile von Serra de Água – der Name erinnert an das erste Wasserkraftwerk der Insel, das hier entstand – zwängt sich an die linke Schluchtenwand. Helle Steinwürfel mit winzigen

Immobilien in Hanglage:
Serra de Água

Wanderparadies Madeira: Eine der attraktivsten Touren führt hinauf auf die Rothaar-Spitze.

Nur wenige Kilometer von der quirligen Hauptstadt entfernt spürt man den anderen Rhythmus Madeiras.

Rebterrassen davor reihen sich dicht an dicht, und manchmal ist auch noch einer der alten Basaltkuben zu sehen, mit Strohdach und separater Küchenhöhle, in der einst das Herdfeuer qualmte.

Je weiter man hinauffährt, desto spärlicher wird die Bebauung. Dafür wuchern üppige Hortensien und andere Blüten am Straßenrand. Von der Boca da Encumeada hängt eine dicke weiße Wolkenschicht herab wie ein großes Federbett von einer Fensterbank. Bei schönem Wetter bietet sich von dem rund tausend Meter hohen Pass eine grandiose Aussicht auf die Nordküste mit São Vicente, die Hochebene Paúl da Serra, die Täler von Serra de Água und Ribeira Brava sowie auf das wilde Gebirgsherz mit seinen tiefen Canyons und bis fast 2000 Meter aufragenden Picos.

… auf die Rothaar-Spitze

Vom Encumeada-Pass lassen sich zahlreiche, recht anspruchsvolle Wanderungen angehen. Über den Pico do Jorge und den Pico das Torrinhas erreicht man in etwa fünf Stunden den Pico Ruivo, die Rothaar-Spitze. Längs der Levada Grande geht es über die Casa do Lombo do Mouro in knapp sechs Stunden hinab nach Ribeira Brava. Oder man schlägt auf der Straße unterhalb des Passes die Richtung Ribeira do Poço ein. Von dort zieht sich der Weg links hinauf nach Relvinha, immer am Fuß des Pico Grande. Von dessen Gipfel bietet sich ein geradezu überwältigend schöner Ausblick auf das Tal von Ribeira Brava und den Felskessel von Curral das Freiras.

Stille Wiesen, uralte Bäume

Paúl da Serra gleicht mit seiner spärlichen Vegetation vielerorts schottischen Hochmoorlandschaften und erinnert mitunter an eine Mondlandschaft. An zwei Stellen jedoch zeigt die Natur ein anderes Gesicht.

Von der Panoramastraße windet sich ein recht schmales Asphaltband in den Talkessel von Rabaçal hinab. Ein Kleinbus-Shuttle verkehrt hier inzwischen, das geplante Seilbahnprojekt ist allerdings vom Tisch. Vom Parkplatz bzw. spätestens vom Forsthaus geht es daher nach wie vor nur zu Fuß weiter. Auf einem wildromantisch anmutenden Levada-Weg mit Moospolstern, Farnen, Baumbart und überall von den Felsen perlenden Wasserschnüren ist bald der Felskessel der Cascata do Risco erreicht. Im Frühjahr und Herbst stürzt hier das Wasser von einer fast hundert Meter hohen Felswand herunter.

Zu den Vinte e Cinco Fontes gelangt man ebenfalls auf einem Levada-Pfad. In diesem Felskessel inmitten uralten

Restaurant mit Aussicht in Ponta do Sol

Selbst bei Sonnenlicht herrscht im Fanal meist eine fast meditative Stille.

Relaxen in Ponta do Sol, an der „Sonnenspitze": Warum im Meer baden, wenn der Pool doch so nah ist?

Im pittoresken Ortsbild von Ponta do Sol erhebt sich der auffällige Turm der Kirche Nossa Senhora da Luz.

Lorbeerwalds rieseln mehr als zwei Dutzend Quellen in ein Becken.

Wer mit dem Auto auf der neuen Straße zwischen Paúl da Serra und Ribeira da Janela unterwegs ist, entdeckt nach einigen Kilometern den Abzweig zum Posto Florestal. Hinter dem Forsthaus öffnet sich eine weite Wiesenlandschaft mit uralten Lorbeerbäumen: das Fanal. Wildlebende Rinder grasen hier, und wenn die Sicht es zulässt, entdeckt man einen kleinen Teich. Gleißend helles Licht wechselt rasch mit grauen Nebelschwaden; Wolkendecken versperren häufig den Blick ins Tal. Aber selbst bei Sonnenlicht herrscht im Fanal meist eine fast meditative Stille.

DUMONT THEMA

INTERVIEW

Mit dem Seewolf auf der Welle reiten

Es ist schon ein ganz besonderes Erlebnis, mit einem traditionellen Fischkutter hinaus aufs Meer zu fahren, um (selten) Wale und (häufig) Delfine zu beobachten.

Fast ein wenig exotisch mutet die „Ribeira Brava" zwischen den modernen Jachten im Sporthafen von Calheta an. Rafael Gomes hat den traditionellen Fischkutter drei Jahre lang restauriert und mit modernster Sicherheitstechnik ausgestattet. Nun nimmt er zahlende Gäste zur Wal- und Delfinbeobachtung mit an Bord. Als zweiter Skipper ist häufig Rafaels aus Köln stammende Ehefrau Claudia mit dabei.

Was hat Sie bewogen, aufs Meer hinauszufahren, anstatt weiter vor einer Schulklasse zu stehen? Schon als Jugendlicher habe ich „mein" Boot in Calheta gesehen. Es ankerte dort immer an dem langen, schmalen Steg; einen befestigten Hafen gab es Ende der 1970er-Jahre noch nicht. Als ich später mit meiner Familie aus Deutschland zurückkam auf meine Heimatinsel, fand ich den Kutter schrottreif in Câmara de Lobos wieder. Ein Freund von mir hatte ihn gekauft und wollte ihn restaurieren. Aber er gab bald auf und kaufte sich ein neues, „besseres" Boot. Ich übernahm den Kutter, steckte meine ganzen Ersparnisse hinein. Als ich fertig war mit der Restaurierung, überlegten wir, was wir machen könnten, um die Kosten wieder hereinzubekommen und ein wenig Geld zu verdienen. So kamen wir auf die Idee, Gästen mit dem ehemaligen Espada-Fang-Boot die Fischereitradition Madeiras näherzubringen. Das lief nicht besonders gut, aber bei den Ausfahrten stellten wir fest, dass die Passagiere sich sehr für die Beobachtung von Delfinen und Walen interessierten. So spezialisierten wir uns als Erste auf der Insel auf diese Aktivität.

Ihrer Firma heißt „Lobosonda". Was bedeutet das? Das Boot wurde im Fischerort Câmara de Lobos gebaut und dort auch restauriert. Ich habe eine enge Beziehung zu den Menschen dort. Lobos bedeutet Seewolf, und onda ist die Welle.

Warum haben Sie einen traditionellen hölzernen Fischkutter für Ihr Unternehmen gewählt? Die aus Holz zusammengesetzten Fischerboote verschwinden bei uns allmählich; meines ist eines der letzten seiner Art. Wir haben heute vielleicht noch eine Handvoll echter Bootsbauer auf der Insel: in Câmara de Lobos und in Machico. Nur zwei davon sind junge Leute. Von den Alten wird bald keiner mehr da sein, um sein Wissen weiterzugeben.

Was dürfen Menschen erwarten, die an Bord der „Ribeira Brava" gehen? Auf dem Boot haben die Fischer einst tagelang gelebt, gearbeitet, gegessen, geschlafen. Ein wenig von dieser Stimmung versuchen wir bei unseren Ausfahrten zu vermitteln.

Zu Ihrer Mannschaft gehört auch Senhor Luis, ein erfahrener Fischer. Wie haben Sie sich kennengelernt?

Schon als Jugendlicher träumte Senhor Gomes, der ursprünglich Lehrer war, von „seinem" Boot, der „Ribeira Brava" – damit kommt man den Delfinen ganz nah.

Das Knüpfen der Seemannsknoten ist Rafael Gomes mittlerweile in Fleisch und Blut übergegangen.

„Auf dem Boot haben die Fischer einst tagelang gelebt, gearbeitet, gegessen, geschlafen."

DUMONT
THEMA

Mit Rafael Gomes in kleinen Gruppen unterwegs im Nationalpark Meeressäugetiere

Luis ist einer der besten Fischer der Insel. Er stammt aus Câmara de Lobos, wo ich ihn auch zum ersten Mal getroffen habe, und galt dort von Anfang an als *homen grande*, als außergewöhnlicher Mensch. Luis wurde mein „Meeresvater", durch ihn habe ich viel gelernt. Wir sind nachts auf Tintenfischfang gefahren, und auch während des Bootsbaus haben wir viel miteinander gesprochen.

Madeiras „Nationalpark Meeressäugetiere" bietet seit dem Ende der 1980er-Jahre nicht nur Schutz für Wale und Delfine, sondern auch für die einst vom Aussterben bedrohten Mönchsrobben. Wie viele der seltenen Tiere leben heute wieder in den Gewässern um die Insel?

Vierzig bis sechzig Pärchen; ich habe einige Exemplare sowohl an der Südküste als auch im Norden gesehen.

Was war Ihr bisher spannendster Moment auf der „Ribeira Brava"? Luis hatte einen Makrelenschwarm geortet, und da die Fische nah an der Oberfläche schwammen, wollten wir einen Eimer voll herausholen. Wir drehten bei, die Gäste zückten ihre Kameras – doch als Luis den Kescher schwang entdeckten wir, dass ein riesiger Wal alle Fische im offenen Maul hatte. Das Tier war so dicht am Boot, dass wir es fast anfassen konnten.

Ihre Touren starten von Calheta aus? Mein Boot ist hier ja quasi zu Hause. Und der moderne Hafen ermöglicht ein bequemes Einsteigen.

Sie sind nicht nur engagierter Beobachter und Schützer des Meeres, sondern haben auch ein kritisches Auge auf die Entwicklungen an Land? Ja, Madeira hat sich in den vergangenen zehn Jahren drastisch verändert. Ich liebe meine Insel sehr, wandere gern und bin begeistert von der Natur. Es gibt aber bereits viele schädigende Eingriffe, und die Regierung plant nach wie vor umweltgefährdende Projekte. Die schlimmsten Konsequenzen von allen wird die Einrichtung eines Militärstützpunktes auf Madeira nach sich ziehen, mit dem Bau einer riesigen Radaranlage auf dem Pico do Arieiro. Gegen das Projekt habe ich öffentlich protestiert.

Empfehlungen von Rafael Gomes

Längs der Kanälchen: Eine der schönsten Levada-Wanderungen ist für mich die von Lamaçeiros bei Porto Moniz nach Galeano.

Eine Poncha in Ehren: Für eine Poncha (Madeiras Nationalgetränk) kehren wir am liebsten in die Bar „Meia Legua" ein, an der alten Straße, die zum Encumeada-Pass hinaufführt.

Typisch schlicht: Alles, was das Meer hergibt, aber auch andere bodenständige Speisen serviert das schlichte, zweigeschossige Lokal „Camarâo" oberhalb des Jachthafens von Calheta (Avenida D. Manuel I 4, geöffnet 11.00–23.30 Uhr, Tel. 291 82 74 00).

CALHETA, SÜDWESTEN
56 – 57

Rafael Gomes bietet von Calheta aus dreistündige Touren an und legt dabei mehr Wert auf eine gute Atmosphäre als auf ein Massenspektakel.

INFOS & EMPFEHLUNGEN

CALHETA, SÜDWESTEN
58 – 59

Sonnenstube mit Wolkenkissen

Zwischen Ribeira Brava und Paúl do Mar liegt Madeiras Sonnenstube. Reizvolle Fischerörtchen drängen sich eng an den Küstensaum, Felsbuchten mit Badestellen und eine Reihe kunsthistorischer Kleinode prägen den touristisch gut erschlossenen Abschnitt der Insel.

❶ Ribeira Brava

In einer breiten Flussmündung, gesäumt von Bananenterrassen, liegt jener Ort, der bereits in den frühen Zeiten Madeiras ein wichtiges Scharnier zwischen der nördlichen und der östlichen Inselhälfte bildete.

SEHENSWERT
Aus dem kleinen historischen Stadtkern, der durch den Straßentunnel vom Durchgangsverkehr befreit wurde, ragt der Glockenturm der **Pfarrkirche São Bento** in den Himmel. Den weiß-blauen Azulejo-Turm ziert das Kugelsymbol (Armillarsphäre) der portugiesischen Entdecker. Bereits um 1440 soll mit dem Bau des mehrfach umgestalteten Gotteshauses begonnen worden sein; es zählt zu den ältesten der Insel. Original erhalten sind das von Portugals König Manuel I. gestiftete Taufbecken sowie die manuelinische Kanzel. Die prunkvollen Blattgoldaltäre stammen aus dem Barock. Hauptader der Altstadt ist die kopfsteingepflasterte **Rua do Visconde,** zum Teil noch von kleinen Krämerläden gesäumt. Auch die kleine Markthalle wirkt fast schon antiquiert. In einer hübschen Parkanlage nahe der Kirche verbirgt sich eine roséfarben getünchte Quinta aus dem späten 18. Jh. hinter hohen alten Bäumen – das heutige **Rathaus**. An der neu gestalteten **Promenade** oberhalb des Strands laden Cafés und Kneipen zum Relaxen ein. Zwischen dem modernen Passeio Maritimo und dem Beginn der Altstadt erinnert der gedrungene Turm des **Forte São Bento** (17. Jh.) an die einstigen drei kleinen Verteidigungsanlagen gegen Piraten. Westlich der Flussmündung wurde eine schöne Badezone mit großem Pool, Meeresbecken und betonierten Liegeflächen angelegt. In einem modern erweiterten, ursprünglich zum Besitz des Klosters Santa Clara gehörenden Herrenhaus (15. Jh.) ist das **Ethnografische Museum** von Madeira untergebracht (Rua Sao Francisco 24; Di.–So. 10.00–12.30, 14.00–18.00 Uhr).

INFORMATION
Posto de Turismo im Forte São Bento, 9350 Ribeira Brava, Tel. 291 95 16 75, www.cm-ribeirabrava.pt

❷ Paúl da Serra

Kargheit und Stille prägen das gut 1000 m hohe Plateau Paúl da Serra zwischen Encumeada-Pass und Achadas da Cruz. Nur die robustesten Pflanzen wie Ginster und Adlerfarn halten das von Wind und Nebel geprägte Klima aus. In den Wintermonaten, wenn viel Niederschlag gefallen ist, bilden sich kleine Seen. Tatsächlich gleicht dann die Gegend einem Gebirgssumpf – das bedeutet der Name „Paúl da Serra".

SEHENSWERT
Vorbei am trutzigen Basaltbau (19. Jh.) der Pousada dos Vinhaticos schlängelt sich die Passstraße hinauf zur Boca de Encumeada. Leider ist die von hier abzweigende Panoramastraße zum Miradouro **Bica da Cana** bis auf Weiteres gesperrt. Alternativ kann man vom Südteil der Insel die Anfahrt via Prazeres oder Canhas auf das sich über die gesamte Hochebene schlängelnde Band der ER 100 wählen. Oder von der Straßenschranke am Encumeada-Pass zu Fuß bis zum Aussichtspunkt in der Nähe des Forsthauses gehen. Aus rund 1600 m Höhe schaut man von dort ins Tal von São Vicente. Im Nordwesten liegt dann das Gebiet des **Naturparks Madeira TOPZIEL**. Ein Teil lässt sich über die ER 209 erreichen (Fanal); bei Rabaçal führen Wanderwege bzw. Levadapfade hinein in die oftmals noch urtümlich anmutende immergrüne Welt, z. B. zu den **Risco-Wasserfällen** und zu den **25 Fontes**.

AKTIVITÄTEN
Außer zum Wandern eignet sich dieser Teil des Naturparks Madeira zur **Vogelbeobachtung**. Das Gebiet von Fanal bis zur Küste wurde von BirdLife International als IBA (Important Bird Area) ausgewiesen.

HOTEL & RESTAURANT
Die ehemalige Churrascaria auf dem Hochplateau firmiert inzwischen als € – € € **Pastor do Paúl Grill** (Sitio do Ovil, Tel. 937 09 99), hat ihr rustikales Angebot aber wenig geändert: Schinken, Knoblauchbrot, Espetada.

INFORMATION
siehe Ribeira Brava

Stimmungsvolle Szenerie in der Paúl da Serra

❸ Ponta do Sol

Zwischen zwei hohen Felsenkaps staffelt sich der fast mediterran anmutende Küstenort, der als der wärmste Madeiras gilt. Sein Kern umfasst nur knapp zwei Dutzend Häuser, zusammengedrängt in engen Gassen und sorgfältig restauriert. Dann beginnen schon die terrassierten Bananenfelder. Der früh erzielte Wohlstand Ponta do Sols ist bis heute zu spüren.

SEHENSWERT
Der schönste Blick auf den Ortskern mit seinen Blumenterrassen und Treppengässchen bietet sich vom Beginn der zwischen den beiden Via-Rapida-Tunneln zur Küste hinabführenden schmalen Sträßchen. An der neu gestalteten **Uferpromenade** laden Kaffeehausstühle zur Rast; wo einst die Zuckerrohrfabrik stand, erwartet den Besucher nun Hotelkomfort. Ein Treppenweg führt in den Ort hinein. Er mündet vor der **Pfarrkirche Nossa Senhora de Luz** (Grundsteinlegung im 15. Jh.). Original erhalten aus manuelinischer Zeit sind das in ganz Portugal einmalige Taufbecken aus grün glasierter Keramik und die im Mudéjarstil geschnitzte Holzdecke. Hinter dem Kirchplatz geht es zur ehemaligen Villa Passos in der Rua Principe D. Luis I., wo der Großvater des US-Schriftstellers John Dos Passos lebte. Das Anwesen beherbergt heute das **Centro Cultural John Dos Passos**.

INFOS & EMPFEHLUNGEN

RESTAURANT
Spektakulär schwebt die Terrasse des kleinen € **Snack-Bar-Restaurante Sol Poente** über der Bucht von Ponta do Sol (Tel. 291 97 35 79).

HOTEL
Als Schwesterhotel des Estalagem Ponta da Sol auf der Klippe reckt sich direkt an der Uferfront das € € **Hotel da Vila** mit 16 Designzimmern, für deren Ausstattung u. a. lokale Hölzer verwendet wurden (Rua Dr. João Augusto Teixeira, Tel. 291 97 33 56, www.pontadosol.com).

UMGEBUNG
Vom Miradouro Trigo de Negreiros in **Lombos** bietet sich ein schöner Blick auf die Küste. Die lang gestreckte, von Mauern geschützte und von Türmchen gekrönte Häuserzeile von Madalena do Mar lag ursprünglich direkt am Meer; heute trennt eine Straße Wellen und Architektur. Steil steigen dahinter die Bananenterrassen an. In der Kirche von **Madalena do Mar** soll Enrique Alemão (Heinrich der Deutsche) begraben sein: Der legendäre Unbekannte, den manche für den offiziell in der Schlacht von Varna gefallenen polnischen König Ladislaus III. halten, kam 1454 nach Madeira und erhielt kurz darauf von Zarco ausgedehnte Ländereien zugewiesen.

AKTIVITÄTEN
Bei Tabua beginnt die schwierig zu begehende, aber durch reizvolles landschaftliches Terrain führende **Levada dos Moinhos**.

> **Tipp**
>
> ## Hotel mit Flair
>
> Das persönlich geführte € € **Hotel Atrio** liegt im sonnigen Südwesten Madeiras. Abseits jeden Trubels finden hier nicht nur Wanderer und Naturliebhaber ein ruhiges Standquartier. Das kleine, französisch inspirierte Restaurant geht auch auf die Wünsche der Hausgäste ein. Von allen 14 Zimmern blickt man über einen hübschen Hanggarten mit beheiztem Pool aufs Meer.

INFORMATION
Lombo dos Moinhos Acima, Estreito da Calheta, Tel. 291 82 04 00, www.atrio-madeira.com

Alltag und Festschmuck in Jardim do Mar (oben links und unten), Restaurant an der Küste von Ponta do Sol (oben rechts)

VERANSTALTUNGEN
Jeweils im April organisiert der Kreis Ponta do Sol auf dem Gelände des Bauernmarkts in Canhas ein kleines **Zuckerrohrfest**. Unter dem Motto **Noites de Verão** (Sommernächte) gibt es zwischen Anfang Juni und Ende Juli jeden Freitag ab 21.30 Uhr Open-Air-Konzerte im Zentrum.

❹ Calheta

In einer engen Schlucht drängt sich, gespalten vom Bachbett der Ribeira da Calheta, das heutige Verwaltungszentrum des Südwestens vom Meer empor. Ursprünglich war die Region um Calheta das bedeutendste Zuckerrohr-Anbaugebiet Madeiras. Heute prägen ein moderner Jachthafen und ein großes Hotel den Küstensaum Calhetas. Seinen Namen hat der Ort von den einst betriebenen Kalkbrennereien (*cal*).

SEHENSWERT
Zwei Schlote künden bis heute links und rechts der Ribeira da Calheta von der „industriellen" Vergangenheit des Ortes. Einer war Bestandteil eines Kalkofens, der andere gehört zur nur noch als Museum fungierenden **Zuckerrohrmühle TOPZIEL** (Sociedade de Engenhos da Calheta, Lda., Avenida D. Manuel I 29, Tel. 291 82 22 64, www.engenhosdacalheta.com; Mo.– Fr. 8.00 –19.00, Sa., So. ab 10.00 Uhr). In dem Gebäude gegenüber dem Rathaus wird im Frühjahr regelmäßig Zuckerrohrschnaps gebrannt. Wenige Schritte daneben steht die Pfarrkirche **Igreja do Espirito Santo**. Ihr Grundstein wurde bereits 1430 gelegt – von Zarcos Schwiegersohn Cabral. Aus den Anfängen stammen noch die manuelinischen Verzierungen am Portal. Sehenswert sind auch die im Mudéjarstil geschnitzte Decke im Chor und der Tabernakel aus Ebenholz und Silber in einer Kapelle des Seitenschiffs. Oberhalb des Ortskerns, in Richtung Estreito de Calheta, balanciert auf einer Klippe der spektakuläre dunkle Quader des Kunstzentrums **Casa das Mudas** (Centro das Artes Casa das Mudas, Estrada

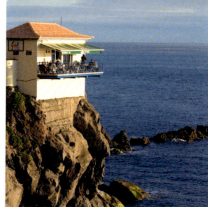

Simao Goncalves da Camara 37, Di.– So. 10.00 –13.00, 14.00 –18.00 Uhr). Das Zentrum bietet ganzjährig ein breites Programm.

AKTIVITÄTEN
Vom Jachthafen Calhetas aus bietet das Ehepaaar Gomes auf der „Ribeira Brava" regelmäßig Bootstouren zur **Wal-** und **Delfinbeobachtung** an (968 40 09 80 oder 914 71 02 59, www.lobosonda.com). Hartmut Peters hat in Arco de Calheta ein Zentrum für **Drachenflugsport** gegründet (siehe DuMont Aktiv S. 61).

RESTAURANT
Neuer Name und wieder der ursprüngliche Besitzer: Im € / € € **Salgadinho** (Porto de Recreio da Calheta, Loja 1, Tel. 291 63 09 57) kommen mit Blick auf den Jachthafen diverse Sandwichs, Omelett, aber auch frischer Fisch und stets ein Tagesgericht aus der Küche.

HOTEL
Zwischen Arco de Calheta und Jachthafen erhebt sich an der Küstenstraße das in Anlehnung an das lokale Thema Zuckerrohr designte € € € € **Saccharum Resort & Spa** (Rua Serra de Água 1, Tel. 291 82 08 00, www.saccharumhotel.com, 181 Zi., 62 Apartments) mit drei Außenpools, Massagezentrum, Fitnessraum, Squash-Court sowie mehreren Restaurants.

UMGEBUNG
Das etwa 400 m über der Küste gelegene **Arco da Calheta** zählt zu den ältesten besiedelten

---

Früher gedieh auf den Hängen von Ponta do Sol hauptsächlich Zuckerrohr, zahlreiche Sklaven lebten in der Gemeinde.

Plätzen auf Madeira. Der Adelige João Fernandes Andrade, bekannt als João Fernandes de Arco, richtete Ende des 15. Jhs. ein Weinhaus mit Privatkapelle ein. Ebenfalls auf Privatinitiative geht die Capela do Loreto (16. Jh.) zurück. Angehörige der Familie Câmara ließen sie auf ihrem Besitz im heutigen Ortsteil Lombada do Loreto erbauen. Leider ist sie meist nur am Pilgerfest zu Ehren der Namenspatronin (8. September) geöffnet. Die Pfarrkirche São Bras, deren Namenspatron am 3. Februar mit einem Fest geehrt wird, stammt aus dem 17. Jh.

INFORMATION
Ein Posto de Turismo existiert nicht. Informationen auf Englisch im Internet unter www.cm-calheta-madeira.com

❺ Jardim, Paúl do Mar

Wie zweieiige Zwillinge wirken die beiden direkt am Küstensaum gelegenen Fischerörtchen: auf einem breiten Plateau das eine, lang gestreckt in einer schmalen Ebene vor steil aufragenden Felswänden das andere. In beiden Orten findet man neben dem schönen historischen Ortsbild Relikte von Zuckerrohrfabriken; auch Thunfisch wurde hier einst verarbeitet, und in Salinen wurde Salz gewonnen.

SEHENSWERT
In **Jardim do Mar** winden sich eine Handvoll enger alter Gassen um den Hauptplatz. Eine führt hinab zur neuen Meerespromenade, wo ursprünglich eine kleine Festung (18. Jh.) stand. Folgt man dem Gässchen an der rechten Seite des Hauptplatzes, gelangt man zur Pfarrkirche Nossa Senhora de Rosario (1907) – angeblich diente Notre Dame als Vorbild.
Paúl do Mar liegt als einziger Südküstenort innerhalb des Naturparks Madeira. Zwischen den weitgehend als Wochenend- und Feriendomizil genutzten Gebäuden der schmalen Häuserzeile am Kai steigen winzige Gässchen bergan. Unter einem großen Gummibaum trifft man sich zum Plaudern. Nur einen Steinwurf gen Osten öffnet sich der kleine Hafen, über dessen Slipanlage die bunten Fischerboote ins Trockene gezogen werden. Nach seiner Umgestaltung wurde eine große Bronzestatue neu aufgestellt, die einen Fischer darstellt.

AKTIVITÄTEN
Jardim und Paúl do Mar gelten als Hotspot fürs **Wellenreiten** und **Surfen**.

UMGEBUNG
Sportliche erreichen **Prazeres** über den steilen Klippenpfad von Paúl do Mar aus. Der auf einem Bergrücken gelegene Ort mit einer Kirche und der botanisch-zoologischen Quinta Pedagógica ist von Obstgärten und Gemüsefeldern umgeben, deren Erzeugnisse sonntags in einer kleinen Halle verkauft werden. Ebenfalls zu Fuß aufsteigen kann man in Richtung **Fajã da Ovelha**. Der Serpentinenweg zu dem einsam gelegenen Ort mit Aussichtslokal über der Bucht beginnt am westlichen Ende von Paúl do Mar.

CALHETA, SÜDWESTEN
60 – 61

Genießen Erleben Erfahren

Wie ein Vogel am Himmel

Paragliding ist auf Madeira sehr populär. Hartmut Peters, ein erfahrener Gleitschirmpilot aus Deutschland, hat den Trend auf der Insel zur Jahrtausendwende begründet. Inzwischen gibt es rund sechzig Wiesen- und Rasenstartplätze. Für Neulinge in den Lüften empfehlen sich Tandemflüge.

Flach liegt der Gleitschirm am Boden. Der Himmel über uns ist strahlend blau an diesem Mittag. „Los geht's!", ruft Hartmut und zieht das Fluggerät an beiden Gurten nach oben. Im Gleichschritt laufen wir ein Stück den Abhang hinab. Wie ein Vogel seine Schwingen breite ich meine Arme aus. Nach wenigen Metern lösen sich unsere Füße vom Boden, schon schweben wir ... Bauch an Rücken hängen wir gemeinsam unter dem Gleitschirm; Hartmut, der meistfliegende Gleitschirmpilot der Welt, und ich.

Hängen ist aber gar nicht das richtige Wort – man sitzt in einer komfortablen Gurtkonstruktion. Entspannt lasse ich die Beine baumeln, schaue hinab auf die Küste bei Calheta, auf das tiefblaue Meer und das üppige Grün der Vegetation. Das flaue Gefühl im Magen ist längst verflogen, und viel zu schnell bedeutet mir mein Pilot, dass es nun wieder abwärts geht und wir uns auf die Landung vorbereiten. Immer näher kommt das flache Terrain, auf dem wir aufsetzen wollen. Ein kleiner Ruck, und schon haben wir wieder festen Boden unter den Füßen.

Weitere Informationen

Für einen Gleitschirm(tandem)flug sollte man weniger als 85 kg wiegen, knöchelhohe, feste Schuhe mit gutem Profil mitbringen und eine kurze Strecke recht schnell laufen können. Der Gleitschirmflug dauert ungefähr 15–30 Min. und kostet – je nach Dauer – zwischen 75 und 100 €. Vor dem Start gibt es eine kurze Einweisung.

Buchung über **International Paragliding Center of Madeira**, Rua da Achada de Santo Antao 210, Arco da Calheta, Tel. 964 13 39 07, www.airbase.de.

Frei wie ein Vogel fühlt man sich, wenn man mit dem Gleitschirm seine Kreise über der fantastischen Küstenlandschaft Madeiras dreht.

WESTZIPFEL, NORDKÜSTE
62 – 63

Schaumgeboren wie Aphrodite

Sprödes Entdeckerterrain mit stillen Bauerndörfern und wortkargen Menschen – Madeiras Westen ist der urtümlichste Zipfel der Insel. Die ist ein gigantisches vulkanisches Gebirge, dessen Spitzen über die Meeresoberfläche ragen. Von den Feldern im Westen zu den Hafenbuchten und Hochtälern des Nordens ist es dank neuer Straßen fast nur noch ein Katzensprung. Atemberaubende Ausblicke bieten sich dort: Steil fällt die Küste ins Meer, bizarr ragen Felsformationen in den Himmel.

Einst stieg Madeira wie eine griechische Göttin
aus den Untiefen des Atlantiks empor.

Unterwegs zum Pico Ruivo, dem mit 1862 Metern höchsten Gipfel Madeiras. Der einfachste Aufstieg beginnt an der Achada do Teixeira (ganz rechts). Unten der Blick auf die Küste bei Santana – der niederschlagsreiche Norden ist die fruchtbarste Region der Insel.

WESTZIPFEL, NORDKÜSTE
64 – 65

Durch breite Tunnelröhren fließt nun die Moderne in die einst Tagesreisen von der Hauptstadt entfernte Region. Das Baden hier kann inzwischen mit Museumsbesuchen verbunden werden, ein Themenpark lockt, und engagierte Winzer experimentieren mit neuen Rebsorten für einen qualitativ hochwertigen Tafelwein.

Gibt es ein richtiges Leben im falschen?

Das war nicht immer so. Lange lag die Region im Norden Madeiras verlassen da, denn eines Tages waren die meisten der hier Lebenden verschwunden; aufgebrochen nach England, Südafrika, Venezuela, auf die Kanalinseln oder in die USA. Reich werden wollten sie dort – oder zumindest wohlhabender, als es ihnen bislang in der Heimat gelungen war. Weit kamen die Glückssucher freilich meist nicht auf der Karriereleiter. Denn es fehlte ihnen in der Regel an Schulbildung und einem erlernten Beruf. In einer letzten Anstrengung hatten sie ihre kargen Ersparnisse zusammengekratzt, hatten Familie, Freunde, den Paten um eine Spende gebeten, um sich ein Ticket kaufen zu können ins vermeintlich bessere Leben.

Damit standen sie in einer langen Tradition. Denn bereits seit den Anfängen der Besiedelung kennt man auf Madeira das Phänomen der Abwanderung. Viele der aus dem Norden Portugals stammenden frühen Bewohner sahen die Atlantikinsel nur als Sprungbrett in die portugiesischen Kolonien.

Aus Afrika, Arabien und von den kanarischen Inseln stammende Sklaven bevölkerten die Insel und kehrten nach ihrer Freilassung in ihre Heimatländer zurück. Aus Italien und Flandern zugewanderte Zuckerhändler verließen Madeira, als billiger südamerikanischer Rohrzucker und das Aufkommen des Rübenzuckers ihre Geschäfte unrentabel machten. Die einheimischen Plantagen- und Fabrikarbeiter mussten anderweitig nach Beschäftigung suchen. In Scharen

Traditionelles Handwerk im Innern eines strohgedeckten Hauses

Nur ja nicht in den Finger stechen!

Mit tiefgezogenen Strohdächern und frischen Farben präsentieren sich die traditionellen Casas do Colmo in Santana.

wanderten sie aus, oftmals auch zu den reichen afrikanischen Handelsplätzen Angola und Mosambik, die sich die Portugiesen einverleibt hatten.

Gleiches geschah, als Mehltau und Reblaus fast den gesamten Bestand des Inselweins vernichteten. Direkt von der Insel konnten die Glückssucher zum Kap der Guten Hoffnung und zu den Diamantfeldern Südafrikas aufbrechen, denn es gab schon seit einiger Zeit zwei regelmäßige Schiffsverbindungen von Southampton über Madeira nach Kapstadt. Es heißt, heute würden mehr Madeirer in Südafrika und Südamerika leben als auf der Insel selbst. Inzwischen kehren viele der Auswanderer allerdings wieder zurück – auch die Ferne hat ihnen auf Dauer kein Glück beschert.

Kuhställe und Goldschnitzereien
Colmo bedeutet „Stroh". Und mit Stroh deckte die Landbevölkerung Madeiras einst auch ihre Häuser. Einfache Katen waren es, aus Holz zunächst nur, das ja ursprünglich reichlich vorhanden war. Das steile Strohdach der Casas do Colmo zog sich fast bis zur Erde. Mensch und Vieh hausten gemeinsam darin, die Tiere unten, wegen der Wärme. Bald jedoch entließ man Kühe und Ziegen aus dem Haus. Den behäbigeren der beiden Milchlieferanten baute man einen Stall, den *palheiro* (von portugiesisch *palho*, „Heu"), damit sie weder auf den steilen Inselhängen abstürzten noch kostbares Ackerland als Weide beanspruchten.

Für die Menschen wurden die Strohhäuser in Lauf der Zeit allmählich komfortabler. Statt aus Brettern und Planken fertigte man die Wände nun aus groben Basaltblöcken. Für die Fenster- und Türlaibungen nutzte man die recht weiche, leicht zu behauende *cantaría*, ein Lavagestein. Mit mohnblütenfarbenen Sockeln und Türen, azurblauen Rahmungen um alle Öffnungen und lorbeergrünen Holzläden hat man in Santana die steinernen, ursprünglich dezenten Strohhäuser zu einer echten Touristenattraktion herausgeputzt. In Arco de São

Porto Moniz ganz im Nordwesten der Insel schätzen auch die Madeirer selbst als Sommerfrische.
An der stark zerklüfteten Küste haben sich natürliche Wasserbecken aus Lavafelsen gebildet.

Leuchtturm in Ponta do Pargo,
dem westlichsten Ort auf Madeira

Porto da Cruz war lange Zeit ein Zentrum des Zuckerrohranbaus auf Madeira.

Weltnaturerbe auf Madeira

Uralter Dschungel unter UNESCO-Schutz

Special

Kurz vor Weihnachten 1999 nahm die UNESCO den faszinierenden Lorbeerwald („Laurisilva") in die Liste des schützenswerten Naturerbes der Welt auf.

Rund 15 000 Hektar umfasst das geschützte Gebiet, das sind etwa 20 Prozent der Inselfläche. Der Wald gilt als der größte noch bestehende seiner Art weltweit und bildet den Kern des 1982 gegründeten, insgesamt 27 000 Hektar großen Naturparks Madeira.

Zu den Gewächsen des Lorbeerwaldes, die vor den Eiszeiten noch im ganzen mittel- und südeuropäischen Raum gediehen, zählt zuerst der namensgebende Lorbeer. Darüber hinaus sieht man eine Vielzahl von Farnen, Flechten und Moos, Riesenlöwenzahn, Fettgewächsen und als Farbtupfer dazwischen Fingerhut sowie großblütige Margeriten. Auch der Maiglöckchenbaum säumt viele

Dichter Wald bedeckte einst ganz Madeira.

Wanderpfade, man trifft auf die Kanaren-Stechpalme, Baumheide und Madeira-Holunder, auf Schöllkraut, März- und Hain-Veilchen sowie teils endemische Storchschnäbel.

Die Dezimierung des Lorbeerwalds auf Madeira ist vor allem auf Brandrodung und Abholzung zurückzuführen. Ursprünglichen Lorbeerwald findet man nur noch an der Nordküste.

Jorge hingegen findet man ein schlichtes – quadratisches! – Exemplar hinter der Kirche.

Die Gotteshäuser Madeiras sind übrigens häufig sowohl mit Azulejos als auch mit der sogenannten *talha dourada* – vergoldeten barocken Schnitzereien – geschmückt. Außer in Arco de São Jorge gibt es im Norden schöne Beispiele dafür, sowohl in São Vicente als auch in Ponta Delgada. Weitere Epochen der Architekturgeschichte spiegeln sich in den noblen historischen Landsitzen einiger Zuckerbarone und Weinhändler wider.

Beten und Feiern

Fast das ganze Jahr über wirkt Ponta Delgada eher verschlafen. Nur im September erwacht das Örtchen an der Nordküste für ein paar Stunden zu regem Leben, wenn die Wallfahrer aus allen Teilen der Insel durch die mit Blumen und Girlanden geschmückten Gassen strömen, um dem Senhor Bom Jesus zu huldigen.

Dabei handelt es sich um ein hölzernes Kruzifix, das im 15. Jahrhundert in einer Kiste in Ponta Delgada angespült worden sein soll. Dass dies ein Zeichen des Himmels war, stand für die Bewohner des Ortes außer Frage. Deshalb errichteten sie dem Senhor Jesus eine Wallfahrtskapelle, die im Jahr 1908 fast

 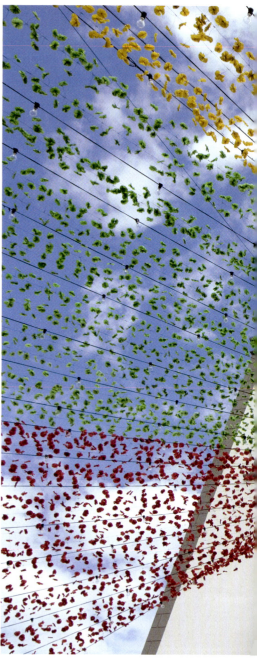

Sehenswert: die schöne Deckenbemalung der Kirche von Ponta Delgada

Zur feierlichen Prozession in Ponta Delgada werfen sich die Akteure in ihren besten Sonntagsstaat.

Festlich herausgeputzt: Ponta Delgada

vollständig abbrannte. Dabei fing auch das sagenumwobene Kreuz Feuer. Ein verkohlter Rest davon konnte gerade noch mit Mühe und Not gerettet werden; er wird heute in der neuen, im Barockstil reich dekorierten Kirche hinter Glas aufbewahrt und alljährlich von zahllosen Inselbesuchern bewundert.

Die Jesus-Wallfahrt von Ponta Delgada hat ihren festen Platz im Reigen der wichtigsten kirchlichen Feste auf der Blumeninsel Madeira. Aber auch jedes andere Dorf auf der Insel feiert inbrünstig seinen Heiligen – oft mit Musikkapellen und kunstvoll präsentierten Opfergaben. Fast immer steht auch mindestens eine Bude aus Lorbeerzweigen auf dem Kirchplatz, in der für das leibliche Wohl der Feiernden gesorgt wird. Auf Madeira feiert man gern und oft. Fast jeder Monat wartet mit einem feierlich oder ausgelassen begangenen Termin auf: Eine bestimmte Frucht, der Wein, der Karneval, die Frühlingsblüte – alles hat seine *festa*. Sogar auf der Feria von Porto Moniz, der traditionellen Landwirtschaftsausstellung, geht es hoch her mit Gesangsbühne und Probierständen. Und wie bei den 48 Horas de Bailar von Santana ist eine riesige Skulptur aus Früchten und Gemüse zu bewundern.

Auf Madeira feiert man gern und oft.

Festliches Madeira
Ganz besondere Festtage sind natürlich auch auf Madeira Weihnachten und Silvester. Wer zu dieser Zeit die Insel besucht, schwelgt in knallroten Weih-

Steter Tropfen ... ... füllt das Glas.

Bei der Weinlese: Der weltberühmte Madeirawein wird nicht zum Essen, sondern als Aperitif oder Digestif getrunken. Tischwein wird in Madeira wenig angebaut und meist vom Festland importiert.

Für den „alkoholischen Nachschub" sorgt man auf den Weinfeldern von Madeira.

> Wer Glück hat, wird vielleicht in die Familienräume gebeten, wo die Bewohner stolz ihre selbst gebauten Weihnachtskrippen vorzeigen.

nachtssternen – nicht wie bei uns im bescheidenen Topf, sondern in Form meterhoher Büsche. Dazu kommen nicht nur edle weiße Callas in wildem Reigen aus feuchten Senken steigend, Feuerbegonien, die ersten Kamelien, Belladonna und Schwanenhalsagaven, sondern auch eine Fülle farbiger, zu allerlei Figuren arrangierter Lichtergirlanden, die in diesen Tagen dem überwältigenden Farbzauber der Natur durchaus Konkurrenz machen können.

Wettbewerbe unter privaten Krippenbauern

In bescheidenerem Ausmaß als etwa in Funchal ist der fröhliche Weihnachtsputz auch in den Dörfern zu sehen. Das Gleiche gilt für die ungezählten Weihnachtskrippen, die man auf der Insel findet: In allen Kirchen sind sie aufgebaut, aber auch am Straßenrand und vor oder in manchem Haus.

Wer Glück hat, der wird vielleicht sogar hineingebeten in die Familienräume, wo die Bewohner stolz ihre selbst gebauten Krippen vorzeigen. Ernsthafte Wettbewerbe, mit teils beachtlichen Preisen, werden alljährlich unter den privaten Krippenbauern ausgetragen. Pfarrer, Schuldirektorin, Bürgermeister, Bankchef, ein Vertreter des Heimatvereins und der Herr Regionalrat bilden die Jury, die sich mit der ehrenvollen Aufgabe plagt, die schönsten Kunstwerke herauszusuchen und zu prämieren. Mitunter füllt ein Krippenensemble fast den gesamten Wohnraum aus. Vom Fußboden zieht es sich hoch bis zu den Wänden, kunterbunt glitzernd, den Christbaum ebenso einbeziehend wie allerlei Bildchen und Nippes – vom Plastikleuchtturm bis zur Mickymaus.

Eine Familie hat die Krippe rund um das riesige neue Aquarium arrangiert, bei einer anderen ruht das Jesuskind in einer rosafarbenen Häkelsänfte. Senhor Luiz lässt die Heiligen Drei Könige auf einem Teppich aus geflochtenen Zigarettenschachteln in den Stall von Bethlehem marschieren. Auch Wattebäusche und Wecker finden sich in manche Krippenkomposition integriert, ebenso wie Waldmoos, Kakteen und Orchideen.

Jesus im einfachen Hemd

Ab und zu erblickt man jedoch auch noch die schlichte, traditionelle Stufenkrippe. Ihre Spitze bildet eine kleine Jesusstatue, die mitunter schon mehr als hundert Jahre alt sein kann, mit einem einfachen weißen Hemdchen bekleidet, umgeben von Orangen oder selbst gebackenen winzigen Broten und von Weizenschösslingen in leeren Joghurtbechern.

DUMONT THEMA

ALTERNATIVE ENERGIEN

Grüne Ideen für die grüne Insel

Elektrobusse, erneuerbare Energien, ein Ökopark und individuelles Engagement für Nachhaltigkeit zeigen, dass auch Madeira sich mit dem Thema Umweltschutz befasst.

Windmühlenpark auf dem Hochplateau des Naturschutzgebiets Paúl da Serra

Keiner murrt. Klaglos schleppen die Männer schwere Schlauchrollen bergan, die Damen liegen auf den Knien, mit einer Sichel in der Hand. Ziemlich überraschend: Allesamt sind sie Urlauber, die per Bus am Morgen zum Naturschutzpark Paúl da Serra aufgebrochen sind, um beim Aufforstungsprogramm zu helfen.

Celina Sousa, Hoteldirektorin in Prazeres, versteht es, ihre Gäste für derartige Aktivitäten zu gewinnen. Immerhin 3700 Bäumchen wurden seit Oktober 2007 auf der von Schafherden kahl gefressenen Hochebene gepflanzt. An diesem Tag wird um die Stämmchen Unkraut weggeschnitten und eine kleine Levada aufgestaut, um ihr Nass mittels Generatorpumpe gezielt zu den Pflanzen zu bringen. „Das Hotel Jardim Atlantico", so Senhora Sousa, „setzt seit seiner Eröffnung in den Neunzigerjahren auf Nachhaltigkeit." Es ist bislang das einzige auf Madeira – auch wenn einige Unternehmen und Projekte sich mit dem Label „green" oder „eco" schmücken.

Naturschutz im Aufwind
Tatsächlich ökologisch ist indes die Linha Verde. Die vier elektrischen Busse der „Grünen Linie" verkehren seit 2006 in Funchal. Auch die Ausrufung einer Schutzzone für Meeressäugetiere und die Einrichtung des Parque Ecológico in Funchal, der jedoch bei einer Brandkatastrophe im Sommer 2010 starke Schäden erlitt, zeigen, dass Umwelt- und Naturschutz auf Madeira zunehmend ins Bewusstsein rücken. Politiker wie Privatinvestoren befassen sich verstärkt mit dem Thema erneuerbare Energien.

Bis Ende des Jahres 2010 hatte die Insel ihren CO_2-Ausstoß um über zwei Millionen Tonnen verringert – ein Schritt in die richtige Richtung. Die Nutzung von Solarenergie zur Warmwasserbereitung ist bei Neubauten seit 2008 Pflicht. Auf dem Hochplateau Paúl da Serra sowie an der Ponta de Lourenço nimmt die Zahl der Windräder ständig zu. Auch die Schwesterinsel Porto Santo rüstet ihre Windparks kontinuierlich auf. Außerdem ist dort Energiegewinnung aus Mikroalgen geplant.

Wachsendes ökologisches Bewusstsein: Baumsetzling im Naturpark Paúl da Serra und Sonnenkollektoren in Funchal

Energie aus dem Bauch der Erde
Madeira erinnert sich derweil seines vulkanischen Ursprungs und lässt das Thema Geothermie prüfen. Das ehrgeizige Ziel, bis 2013 ausnahmslos grünen Strom in die Haushalte der Insel einzuspeisen, wurde nicht erreicht. Für Großverbraucher reicht die umweltfreundliche Elektrizität ohnehin noch lange nicht aus. Lediglich ein gutes Viertel der Gesamtproduktion stammt derzeit aus erneuerbaren Quellen. Für das Jahr 2020 ist die 30-Prozent-Marke anvisiert, also rund 300 Megawatt – das Gros davon aus Wind- und Wasserkraft, 50 Megawatt aus Solar- und anderer Energie. Im April 2013 wurde der EU in diesem Zusammenhang die Idee eines Naturgasprojekts vorgetragen.

Aber es liegt in Sachen Umwelt und Natur auch noch vieles im Argen auf dem Archipel. Eukalyptushaine, die einst an der Südküste euphorisch zur Aufforstung gepflanzt wurden, entziehen dem Boden das Wasser. An der Nordküste sitzen die Bewohner im Sommer häufig auf dem Trockenen, während in den Schwimmbädern ständig die Duschen laufen. Auf Porto Santo müssen acht Quellen und eine Meerwasserentsalzungsanlage während der heißen Monate eine Anzahl von Menschen versorgen, die bis zu sechsmal größer ist als die Inselbevölkerung. Zudem dürstet ein riesiger Golfplatz nach Wasser.

Bachbetten auf Madeira dienen vielerorts noch immer als willkommener Abladeplatz für Haushaltsgroßgeräte und Bauschutt – eine regelmäßige Sperr- oder Sondermüllabfuhr gibt es nicht. Selbst Mülltonnen wurden erst vor ein paar Jahren aufgestellt. Jüngster Skandal in Sachen Naturschutz ist der Bau des NATO-Radars auf dem Pico do Arieiro. Das Bergareal ist als Besonderes Schutzgebiet (SPA) nach europäischem Naturschutzrecht ausgewiesen und gehört zum Schutzgebietsnetz „Natura 2000". Vor allem birgt es jedoch die einzige noch bekannte Kolonie des inzwischen vom Aussterben bedrohten Madeira-Sturmvogels.

Energiemix auf Madeira

Knapp 1000 Gigawattstunden an Primärenergie produziert Madeira jährlich, etwa 70 % davon thermisch, also durch Dieselturbinen. Wasserkraft trägt durchschnittlich gut 15 % zur Elektrizitätserzeugung bei. Die Anteile von Wind- und Sonnenergie sowie anderer Energiequellen liegen jeweils im einstelligen Bereich.

INFOS & EMPFEHLUNGEN WESTZIPFEL, NORDKÜSTE
76 – 77

Rebterrassen und Urwüchsiges

Mit verschlafenen Dörfern und rauem Klima bilden der Westen und der Norden Madeiras die stille Alternative zum lebendigen Süden. Die Küstenhänge sind durchgängig steiler, an vielen Stellen für den Weinanbau terrassiert, aber nur spärlich besiedelt. Große Hotels sind rar zwischen Prazeres und Porto Moniz.

❶ Ponta do Pargo

Das Landschaftsbild um Ponta do Pargo unterscheidet sich vom Rest Madeiras. Ein Eindruck von Weite kommt auf, Taleinschnitte und Terrassenfelder sind großzügiger als anderswo, der Alltag ist von kleinbäuerlicher Aktivität geprägt. In allen Dörfern des Gemeindebezirks (Cabo, Serrado, Lombada Velha, Ribeira da Vaca, Salão de Baixo, Salão de Cima, Lombadinha) findet man stattliche Anwesen aus dem 18. Jh. Einige wurden von reichen Hauptstädtern restauriert, das Gros hingegen verfällt.

SEHENSWERT
Im Hauptort Ponta do Pargo weist von der Hauptstraße das Schild „Farol" zur Hauptattraktion der Siedlung: dem 1922 auf der Spitze der Rocha da Vigia eingeweihten **Leuchtturm**. Er gilt als der höchstgelegene ganz Portugals. Der Turm selbst kann nicht betreten werden, in seinem Sockel lockt eine Dauerausstellung mit Fotos von allen Leuchttürmen der Insel (Mo. bis Fr. 10.00–12.00 und 14.00–17.00 Uhr). Das kleine Zentrum von Ponta do Pargo liegt um die Kirche **São Pedro**.

VERANSTALTUNGEN
In Ponta do Pargo feiert man noch den **Tag des heiligen Antonio** (4. Sept.). Im Mittelpunkt steht das Einsammeln der Gaben: Gestecke mit Blumen, an denen Geldscheine befestigt sind, Zwiebelzöpfe, hausgemachte Kuchen, Whisky, Lorbeeröl etc. werden von einer Abordnung des jeweiligen Dorfes zum Kirchplatz gebracht. Berühmt ist Ponta do Pargo für sein **Apfelfest** (Mitte/Ende Sept.).

AKTIVITÄTEN
Vogelfreunde finden um Ponta do Pargo eine interessante Vielfalt von See- und Landvögeln. Daher hat BirdLife International das Gebiet als Important Bird Area (IBA) ausgewiesen.

RESTAURANT
Mit atemberaubendem Küstenblick und deftiger Hausfrauenkost einschließlich guter Desserts punktet das € / €€ **Casa de Chá O Fio** in der Nähe des Leuchtturms (Rua do Fio, Salão de Baixo, Tel. 291 88 25 25).

Was macht man zuerst – mit der Seilbahn die Steilküste erkunden, das Aquario da Madeira in Porto Moniz erforschen oder sich in der Casa de Cha o Fio in Ponta do Pargo stärken?

HOTEL
Drei schlichte Holzhäuser inmitten der Natur, mit Pool und nur ein paar Spazierminuten vom Restaurant O Carreta auf der Hauptstraße entfernt: Die kleine Anlage € **Madeira Sunset Cottage** (Caminho da Lombada Velha 76, Tel. 291 74 19 31, www.madeirasunsetcottage.com) eignet sich für ruhebedürftige Sommergäste.

UMGEBUNG
Von Ponta do Pargo aus wandert man in knapp 1,5 Std. zur **Capela da Nossa Senhora da Boa Morte** (20. Jh.), der Wallfahrtskirche von Cabo. Das der heiligen Mutter des guten Todes gewidmete kleine Gotteshaus steht weit außerhalb des Dorfes einsam oberhalb einer Quelle, aus der die Bäuerinnen früher Wasser holten. Dabei erschien ihnen angeblich mehrfach die Jungfrau Maria. Jeweils am 2. Julisonntag richtet Cabo ein Fest mit Messe und Prozession aus. Ansonsten ist die Kapelle meist geschlossen. Von Cabo aus gelangt man über Santa nach **Achadas da Cruz,** wo man früher – wie in Ponta do Pargo – mit einem einfachen Lift Vieh und Ackererzeugnisse an den Küstensaum transportierte, um sie nach Funchal zu verschiffen bzw. Waren aus der Hauptstadt auf den Dörfern zu verteilen. Eine moderne Kabinenseilbahn überwindet heute die atemberaubend steile Distanz; wer möchte, kann auch auf einem Pfad hinabsteigen zu den winzigen Reb- und Gemüsegärten am Meeressaum.

❷ Porto Moniz

Auf einer weit ins Meer ragenden Lavazunge gelegen, hat sich der ehemalige Walfängerort und Handelshafen Mitte des 20. Jhs. zum beliebten Sommerbadeort entwickelt. Wo einst alte Lagerhäuser aus wuchtigen Basaltblöcken die Bucht umstanden, wuchsen kleine Hotels und Pensionen, am Ortsrand entstand eine Ferienhaussiedlung. Seinen Namen verdankt

INFOS & EMPFEHLUNGEN

Porto Moniz einem gewissen Francisco Moniz, der als vom portugiesischen König Anfang des 16. Jhs. eingesetzter Verwalter beträchtlichen Anteil an der Erschließung der Gegend hatte.

SEHENSWERT
Porto Moniz ist vor allem berühmt für seine **Lavaschwimmbecken** TOPZIEL. Sie entstanden, als vor Jahrtausenden Magma von den Bergen ins Meer floss und durch Wind- und Wellenkraft allmählich Zackenränder und flache Kräter erhielt. Ursprünglich für den Fischfang genutzt, bilden die natürlichen, heute mit Beton verstärkten Pools seit Jahren die Attraktion für badefreudige Madeirer und Touristen. An der neuen Promenade steht das **Centro Ciência Viva,** das Zentrum für lebendige Wissenschaft (Rotunda do Ilhéu Mole, www.portomoniz.cienciaviva.pt; Di.–So. 10.00–18.00 Uhr). Wechselnde Themenausstellungen (z. B. über den Laurisilva Madeiras) und interaktive Geräte machen den modernen Glasbau interessant. Im wiedererbauten Forte S. João Batista wurde 2005 das **Aquário da Madeira** mit über 70 verschiedenen Arten von Meeresbewohnern eröffnet (Rua Forte S. João Batista; tgl. 10.00 bis 18.00 Uhr). Der eigentliche Kern von Porto Moniz liegt oberhalb des Hafens, um die Capela da Nossa Senhora da Conceição (17. Jh.).

AKTIVITÄTEN
Bei Porto Moniz gibt es viele Möglichkeiten zum **Levada-Wandern**. Oberhalb des Ortes beginnt z. B. bei Junqueira die Levada Grande (auch Levada da Moinho genannt), die bis nach Ribeira da Cruz (ca. 10 km) führt.

Tipp: Zimtapfelfest

Zu Ehren des Zimtapfels, in Madeira Anona genannt, wird jeweils am ersten oder zweiten Märzwochenende in Faial bei Santana rund um die Kirche gefeiert. An Dutzenden von Ständen präsentieren die Aussteller die frisch geerntete süße tropische Winterfrucht, die manchmal noch nicht ganz ausgereift ist, und ihre verschiedenen Verarbeitungsmöglichkeiten: Likör, Pudding, Kuchen etc. Zum leiblichen Genuss – auch in Form anderer traditioneller Speisen und Getränke – gesellt sich Musik in allen Varianten, von Blechbläsern bis Pop.

HOTEL
Zeitgenössisches Design plus Wellnessbereich mit Hallenbad und Sauna bietet das € **Moniz Sol** direkt am Hafen (Rua do Forte de Sao Joao Baptista, Tel. 291 85 01 50, www.hotelmonizsol.com, www.monizsolhotel.com, 47 Zi.).

RESTAURANT
Mit schönem Blick über die Naturschwimmbecken serviert das öffentlich zugängliche Hotelrestaurant € € / € € € **Sea View** (Rotunda das Piscinas 3, Tel. 291 64 01 00) Variationen der einheimischen Küche in modernem Ambiente.

UMGEBUNG
Spektakulär reckt sich bei **Ribeira da Janela** der namensgebende „Fenster"-Felsen aus den Fluten. Folgt man dem hier mündenden Bach, gelangt man hinauf ins urwüchsige **Fanal**. Oberhalb des auf einem Felsplateau liegenden Weinorts **Seixal,** der ebenfalls über Lavapools sowie einen netten kleinen Hafen verfügt, geht es ins Hochtal von **Chão da Ribeira**. Naturlehrpfade führen hier durch den **Lorbeerwald** TOPZIEL. Ein steiler Saumpfad bringt Wanderer in gut 1,5 Std. nach Paúl da Serra. Bauernkaten dienen in Chão da Ribeira inzwischen als Wochenendhäuser, zwei Lokale, eines davon auf Forellen und Lorbeerspieße spezialisiert, locken zur Einkehr. Östlich von Seixal ist noch ein Stück der spektakulären alten Küstenstraße erhalten (nur in einer Richtung befahrbar; im Winter Steinschlag- bzw. Erdrutschgefahr!).

INFORMATION
Posto de Turismo, Rotunda da Piscina, 9270-095 Vila Porto Moniz, Tel. 291 85 30 75, turismo.pmoniz@madeiratourism.org

❸ São Vicente

Madeiras Bilderbuchdorf liegt etwas entfernt von der Küste, am Ausgang eines vulkanischen Höhlengebiets. Mit EU-Mitteln hat es sich in den 1980er-Jahren herausgeputzt und sogar einen Denkmalschutzpreis bekommen.

SEHENSWERT
Den historischen Ortskern bilden einige Dutzend adrett geweißte Häuser, die sich in Gassen und Treppenwegen um die **Pfarrkirche** (18. Jh.) drängen. Das barocke Gotteshaus wurde 1943 renoviert. Es ist dem heiligen Vinzenz geweiht, dem Namenspatron des Ortes, der über dem Hauptaltar der Kirche thront. Auf dem Deckengemälde im Hauptschiff segnet der Märtyrer den Ort São Vicente. In den Felsen, die direkt in der Flussmündung der Ribeira de São Vicente steht, baute man bereits 1692 eine ebenfalls dem heiligen Vinzenz geweihte Kapelle. Die markante **Capelina do Calhau** brachte es bis zum Briefmarkenmotiv. Am Ortsausgang in Richtung Encumeada-Pass können die **Grutas de São Vicente** im Rahmen einer Führung (engl., ca. 30 Min.) besichtigt werden. Auf rund 700 m Länge wurde hier ein altes Lavatunnelsystem für die Besucher erschlossen. Nebenan informiert das **Centro do Vulcanismo** über die Geologie Madeiras (Sítio do pé do Passo, www.grutasecentrodovulcanismo.com; tgl. 10.00–19.00 Uhr).

RESTAURANT
Frisch zubereitete Inselklassiker, oft mit eigener Note (z. B. Schweinefleisch mit Muscheln), bieten Berto und Zeta in der € / € € **Taberna de São Vicente** (Estrada Regional 104, Sítio do Calhau, Tel. 291 84 80 34, Mo. geschl.).

In Madeira weiß man zu feiern – so wie hier in Ponta Delgada.

UMGEBUNG
Landeinwärts in Richtung Encumeada-Pass verläuft bei **Lameiros** ab dem Núcleo Museológico die Rota da Cal, ein Lehrpfad zum Thema Kalkabbau (https://www.sites.google.com/site/rotadacal; Di.–So. 10.00–14.00 Uhr). In **Ponta Delgada** lädt die Wallfahrtskirche Igreja Senhor Bom Jesus ein; zudem lohnt das ländliche Museumsanwesen Velhos Encantos in Sitio do Tanque als Zeugnis gehobener Wohnkultur im 19. Jh. (mit Teehaus). Unterhalb von **Boaventura,** einem der ursprünglichsten Orte der Insel, beginnt ein restaurierter Küstenpfad, der nach Arco de São Jorge führt. Auf dem Gelände eines alten Weinguts entstand hier der Roseiral da Quinta do Arco, ein weitläufiger Rosengarten, zu dem auch ein Lokal gehört. Von **Arco de São Jorge** lässt es sich an der Levada do Reis schön bis zum Ribeiro Bonito wandern. Über den vielbesuchten Aussichtspunkt Miradouro Cabanas windet sich die Straße weiter nach **São Jorge** mit einem der kunsthistorisch wertvollsten Gotteshäuser der Insel. Auch viele typische Strohhäuser lassen sich in São Jorge entdecken; neu belebt hat der Ort seine alte Mühle. Landeinwärts schlängelt sich die Straße hinauf zu einem Miradouro mit Picknicktischen, von dem man einen schönen Ausblick auf die Küstenlandschaft genießt.

INFORMATION
Paços do Município (Rathaus), Tel. 291 8 40 02 09, www.cm-saovicente.pt

❹ Santana

Santanas farbenfroh getünchte Strohdachhäuser sind wohl die bekanntesten Botschafter Madeiras. Gut hundert dieser typischen, ursprünglich weniger bunten Casas de Colmo liegen noch im Gemeindebezirk. Geprägt von Mais- und Kartoffelfeldern sowie Senken mit Korbweiden erstreckt sich der Ort auf einem rund 400 m hohen Plateau zu beiden Seiten der Küstenstraße und zieht sich fast bis zum Meer hinab. Santana wurde 1564 gegründet und 2001 zur Stadt erhoben.

SEHENSWERT
Seinen Namen erhielt Santana von der Kapelle, die im 16. Jh. von den ersten Siedlern zu Ehren der heiligen Anna (Santa Ana) errichtet wurde. An ihrer Stelle steht heute eine Kirche aus dem

17. Jh. Neben dem modernen Rathaus hat man drei der spitzdachigen, strohgedeckten **Casas do Colmo** TOPZIEL wiedererbaut. Eines birgt Originalmobiliar und ein Handwerksatelier, ein weiteres die Touristeninformation. Auch im **Parque Temático da Madeira** (Fonte da Pedra, www.parquetematicodamadeira.pt; Di. bis So. 10.00–19.00 Uhr, im Sommer tgl.) wurden einige der Dreieckshäuschen rekonstruiert. In diversen Pavillons befasst sich der Themenpark mit Geschichte und Kultur Madeiras. Auf einem künstlichen See kann man rudern, für die Kleinen gibt es einen Spielplatz. Unterhalb der Kirche von Santana weist ein Schild zur **Rocha do Navio**. Vom Fels hinab zum winzigen Küstenstreifen, an dem auch Landwirtschaft betrieben wird, verkehrt ein *teleférico*. Die kurze Fahrt mit der Kabinenseilbahn (nur Mi. und Sa./So.) bietet prächtige Ausblicke auf die Felsküste mit mehreren Wasserfällen.

AKTIVITÄTEN
Santana ist ein besonders guter Ausgangspunkt für **Wanderungen**, etwa zum Pico Ruivo (ca. 3,5 Std.). Der Weg führt über die staatliche Feriensiedlung Queimadas. Von hier aus kann man auch abzweigen zur Levada do Calderão Verde. Eine andere Tour geht hinauf bis nach Poiso.

VERANSTALTUNGEN
Alljährlich am ersten Juliwochenende putzt sich Santana für die **48 Horas de Bailar** heraus, ein zweitägiges Folklorefest, gestaltet von den Musik- und Tanzgruppen der Insel. Zudem präsentieren sich verschiedene Gemeinden mit ihren landwirtschaftlichen und handwerklichen Produkten.

UMGEBUNG
Die Regionalstraße 218 schlängelt sich von Santana hinauf nach **Achada do Teixeira**. Ganz in der Nähe des Parkplatzes dort reckt sich der **Homem em Pe** empor, eine Felsformation, deren Umriss an einen aufrecht stehenden Menschen erinnert. Von Achada lässt sich in einem relativ kurzen Aufstieg der Gipfel des Pico Ruivo erreichen.
Knapp 5 km östlich von Santana liegt zu Füßen des Adlerfelsens (Penha de Aguia) inmitten fruchtbarer Terrassenfelder das malerische Dorf **Faial.** Eine schönere Aussicht als von seinem Kirchplatz bietet sich allenfalls von dem ehemaligen Verteidigungsposten an der alten Straße nach Santana. Mit Kanonen bestückt, versuchte man von diesem Fort aus, Seeräuber abzuschrecken. Unten am Küstensaum punktet **Porto da Cruz** mit einer relativ neuen Uferpromenade, grobkiesigem Strand und Meeresschwimmbecken. Eine Handvoll Pensionen und Kneipen hat sich in den schmalen Gassen angesiedelt; es gibt einen winzigen Hafen und dazu eine alte Zuckerrohrfabrik.

INFORMATION
Posto de Turismo, Sitio do Serrado, 9230 Santana, Tel. 291 57 51 62, www.cm-santana.com

---

WESTZIPFEL, NORDKÜSTE
78 – 79

Genießen   Erleben   Erfahren

Hinab in die Schlucht

DuMont Aktiv

Canyoning zählt auch auf Madeira zu den jüngsten Trendsportarten. Erst knapp ein Jahrzehnt bieten Veranstalter auf der Insel Kurse und Exkursionen an.

Bevor er Neopren-Anzüge austeilt, checkt Ricardo erst einmal unsere Größe. Helme und Klettergeschirre liegen noch auf dem schmalen Felsplateau. Wir sind an der Ribeira das Cales an den Hängen von Monte, nur wenige Kilometer von der Hauptstadt entfernt. Während der Guide geduldig das Anlegen der Klettergeschirre überwacht, erzählt er auf Englisch, worum es beim Canyoning eigentlich geht: „Durch Abseilen, Hinabklettern, Springen, Rutschen, Schwimmen, manchmal auch Tauchen, erobert man sich wasserführende Felskamine oder Schluchten von oben herab, nicht wie sonst beim Bergklettern von unten nach oben."

Wir sind startklar für das feuchte Vergnügen. Den Helm fest auf dem Kopf, das sorgsam in der steilen Felswand zu unseren Füßen verankerte Seil in den behandschuhten Händen, die Karabiner des Klettergeschirrs eingeklinkt, tasten wir uns hängend bis in den Bach hinab. Der Auftakt ist gemeistert! Fünf weitere Abstiege am Seil haben wir noch zu bewältigen auf unserer Tour. Der längste überwindet eine Distanz von 15 Metern.

Weitere Informationen

Angeboten werden **Canyoning-Touren** bzw. Kurse von Veranstaltern wie:
- Portugal Sport and Adventure, www.portugal-sport-and-adventure.com
- Madeira Outdoor, Tel. 291 52 08 68, www.madeiraoutdoor.com
- Madeira Adventure Kingdom, Tel. 968 10 18 70, www.madeira-adventure-kingdom.com
Die Basisvariante (min. 4 Teilnehmer, ca. 3–5 Std.) wird das ganze Jahr angeboten und kostet inkl. Ausrüstung, Versicherung und Guide 55–65 € pro Person.

Für jeden, der Mut und etwas Bergerfahrung hat, schwimmen kann, schwindelfrei und beweglich ist, stellt diese Art der Schluchtbegehung ein umwerfendes Erlebnis dar.

IM OSTEN
80 – 81

Ankerplatz für Liebende, Entdecker und Piraten

Madeiras Osten ist die geschichtsträchtigste Region der Insel. Romantische Legenden, alte Handwerkskunst und 21. Jahrhundert verbinden sich zu einem ganz eigenen Mix. Die mächtigen Betonpfeiler der Flughafenlandebahn bilden eine bizarre Galerie über dem Atlantik, gepflegter Golfrasen dehnt sich im Blick auf eine karge Landzunge, an deren Saum moderne Windgeneratoren rotieren.

Mit seiner schroff aufragenden Küste strahlt Madeiras Ostkap herbe Schönheit aus.

Den einzigen natürlichen Sandstrand Madeiras findet man am Fuß des Kapellenhügels in Caniçal.

Die Ponta de São Lourenço, eine schmale Halbinsel mit rauen Felsen und karger Vegetation, markiert das östliche Ende von Madeira.

Madeiras Ostkap ist ein Eldorado für Wanderer und überrascht immer wieder mit überwältigenden Ausblicken auf Küstenfelsen und Meer.

Im Hafen von Caniçal erinnern Fischerboote daran, dass hier einst das Walfangzentrum der Insel lag.

Palmen und wüstenfarbene Erde, Apfelbäume, Kopfweiden, Forellenteiche, neue Häfen für Jachten, Frachter und Fischerboote – so abwechslungsreich gibt sich die Region zwischen Gaula und der Halbinsel São Lourenço. In diesem Teil der Insel begann ihre Besiedelung, hier legten die ersten Segler an. Und viele andere wichtige Ereignisse verzeichnet die Chronik in Madeiras Osten – vom ersten offiziellen Fußballspiel auf portugiesischem Boden bis zum blutigen Kampf um das „flüssige Gold", wie man den Waltran einst nannte.

Ein legendärer Schotte

Eine aus Ringen zusammengesetzte Kugel, das Symbol der portugiesischen Entdecker, bildet das Gemeindewappen von Machico. Es erinnert an den bereits erwähnten portugiesischen Seefahrer João Gonçalves Zarco, der im Jahr 1419 in der Bucht von Machico mit seinen Gefolgsleuten vor Anker ging und hier die erste Siedlung der Insel gründete. Zarcos portugiesische Heimatstadt Monchique könnte Pate gestanden haben für den Namen des Küstenortes. Manche verbinden ihn aber auch mit Robert Machyn (Machim), einer legendären Gestalt des 14. Jahrhunderts. Anno 1346, lange vor der portugiesischen Besiedelung und auch fünf Jahre vor der ersten bekannten Erwähnung der Insel auf einer Seekarte, soll ein Unwetter Machims kleine Fregatte von ihrem Kurs auf Frankreich abgebracht und in die Gewässer von Madeira getrieben haben. Der Schotte, so heißt es, habe neben einem Diener und einigen Reisegefährten seine Geliebte an Bord gehabt, die englische Lady Anne Dorset, die er vor ihrer geplanten Hochzeit dem Bräutigam entführt haben soll. Machims Landeplatz, die Baja do Machim, verballhornte man zu Machico. Anne, so heißt es, sei aber nicht glücklich geworden auf der Insel, sondern in tiefe Melancholie verfallen und schließlich gestorben. Voller Kummer soll ihr der Geliebte bald ins Grab gefolgt sein, über dem seine Gefährten ein Kreuz aufstellten, in das sie, so erzählt man sich, die Bitte an nachfolgende Christen einritzten, über den Gebeinen eine Kapelle zu errichten. Danach sollen sie wieder in See gestochen, nach Nordafrika geraten und dort als Sklaven gefangen genommen worden sein. Einem Portugiesen, den das gleiche Schicksal ereilte, sollen sie die Geschichte von Anne und Robert erzählt haben, und angeblich erfuhr so nach der Freilassung und Rückkehr des Portugiesen in seine Heimat auch Zarco von der Insel der unglücklich Liebenden. Als er schließlich selbst in der Bucht von Machico anlegte, soll er dort auch das Kreuz gefunden und eine Kapelle darüber erbauen lassen haben – so weit jedenfalls die Legende, von der es mehrere Variationen gibt und die vielleicht doch ein kleines bisschen zu schön ist, um wahr zu sein.

Jachten und Freihandel

Boote spielten jedenfalls in Machico immer schon eine wichtige Rolle; hier

Ist die Legende vielleicht doch zu schön, um wahr zu sein?

wurden viele Jahre lang Boote gebaut, für den Fischfang hauptsächlich. Inzwischen erstreckt sich dort, wo schwielige Männerhände im Viertel Banda d'Alem einst Schaluppen und Kutter zimmerten, der Jachthafen Machicos. Eine neue Werft entstand in Caniçal, dem einstigen Walfangzentrum der Insel. Anfang der 1950er-Jahre machte man dort das

Bei Ribeiro Frio führt ein Wanderweg zuerst durch üppiges, mit zarten Blüten durchsetztes Grün und dann zum Mirador de Balcoes, einem schönen Aussichtspunkt (ganz oben).

Korbwaren

Jedes Stück ist ein Unikat

Special

Erst wenn die Ruten geschält und gekocht werden, nehmen sie eine bräunliche Farbe an.

Bereits seit den Anfängen der Besiedelung zählt das Korbflechten zum Alltag Madeiras. Beim Bau der ersten größeren Levadas ließ man die Sklaven, in Körben sitzend, an Seilen über steile Felswände zu ihrem Arbeitsplatz hinab.

Auch beim Wein- und Ackerbau wurden schon früh Körbe eingesetzt. Als ältester und für Madeira typischster Korb gilt der *barreleiro* aus roher, unbearbeiteter Weide. Das nach oben kelchförmig geöffnete, aus dicken Ruten geflochtene Behältnis diente zum Transport von Obst und Gemüse. Aber auch Unkraut und Steine wurden in den gut zu schulternden und zu greifenden Körben geschleppt. Im 19. Jahrhundert begann man dann neben Körben auch andere Gebrauchsgegenstände und Zierrat zu flechten – vor allem Gartenmöbel waren bei den wohlhabenden englischen Quintabesitzern sehr gefragt.

Außer im Schauatelier des „Café Relógio" in Camacha sieht man die Korbhandwerker (mehr als 1400, also fast 90 Prozent der Bevölkerung, sollen es in diesem Ort einmal gewesen sein) übrigens kaum bei der Arbeit. Denn ihre Werkstatt ist in der Regel identisch mit ihrem Zuhause.

Alle Korbflechter sind freie Unternehmer. Was unter ihren schwieligen Händen entsteht, ist nicht billig, denn bis ein gutes Stück fertiggestellt ist, braucht es seine Zeit. Die billige Konkurrenz aus Fernost macht den Korbflechtern Madeiras deshalb ziemlich zu schaffen.

erste Mal systematisch Jagd auf die Meeressäuger, deren Tran damals hoch begehrt war. Nachdem Anfang der Achtzigerjahre endlich auch Madeira, als letzte Region Europas, den Walfang einstellte, eröffnete in zwei bescheidenen Räumen das erste Walfangmuseum der Insel. Inzwischen hat die Sammlung – die auch zeigt, dass die Boote der Fänger oft deutlich kleiner waren als die Wale – nach langen, von Baustopps gekennzeichneten Jahren endlich ein neues, modernes Domizil im Ort bezogen.

Abenteuer Landeanflug

Schon früh schätzten Madeiras wohlhabende Bürger die liebliche, meist von einer kühlen Brise durchwehte Hügellandschaft um Santo da Serra als Sommerfrische. Viele historische Quintas verstecken sich im Grün rechts und links der schmalen Straße, die sich aus der Nähe des Flughafens hinaufzieht in den Ort. In Santo da Serra wurde auch Madeiras erster Golfplatz angelegt.

Apropos Flughafen: Madeiras Luftfahrtgeschichte umfasst kaum ein halbes Jahrhundert. Zwar landete bereits im Jahr 1921 erstmals ein Wasserflugzeug aus England in den Gewässern von Funchal. Und 1957 wurde mit einer ersten Start- und Landepiste im Südosten der Insel experimentiert, nachdem man zuvor die lange gehegte Idee, einen Flughafen auf dem Hochplateau Paúl da Serra zu bauen, endgültig verworfen hatte. Doch erst 1964 fand die offizielle Eröffnung des Aeroporto Santa Catarina am Rande der Gemeinde Santa Cruz statt. Bis Ende der 1970er-Jahre maß seine an einem Steilküstenhang liegende Start- und Landebahn gerade mal 1600 Meter. Nur speziell ausgebildete Piloten durften es wagen, sie in Angriff zu nehmen. Dennoch geschah 1997 ein schreckliches Unglück, als die „Sacadura Cabrel", eine Boeing 747-200, beim Landeanflug aufgrund heftiger Böen und plötzlicher Regengüsse nicht mehr rechtzeitig gebremst werden konnte. 125 Passagiere und sechs Crewmitglieder starben, nach-

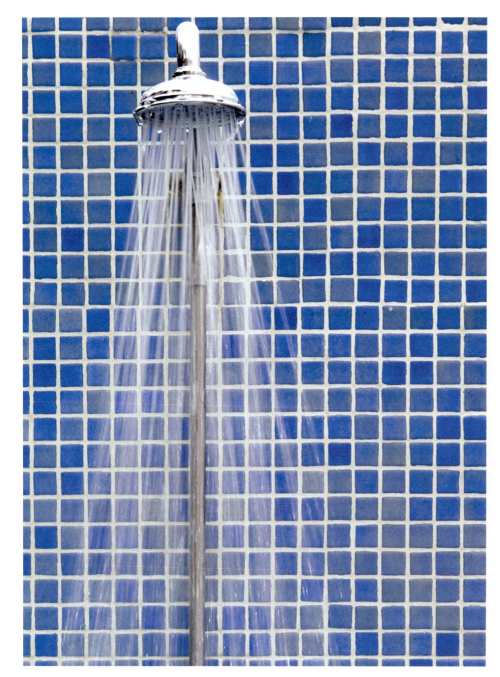

Santa Cruz ist ein noch recht ursprünglich gebliebener Fischerort mit kleiner Marina, einem Fischmarkt und der Badeanlage „Praia das Palmeiras" – samt Duschen – am Ortsende.

> Der Ausbau des Flughafens gilt als Meisterleistung des Ingenieurwesens und erntete international Lob und Anerkennung.

dem die Maschine über die Landebahn hinausgerutscht, mit einer Brücke kollidiert und dann in Flammen aufgegangen war. Bereits kurze Zeit später wurde die Landebahn um 200 Meter verlängert. Doch erst im Zuge des Flughafenausbaus zur Jahrtausendwende erhielt sie schließlich ihr heutiges Maß.

Ein atemberaubender Blick
Der Ausbau des Flughafens gilt als Meisterleistung des Bauingenieurwesens und erntete international Lob und Anerkennung. Realisiert wurde das Projekt in Gestalt einer Plattform über einer Bucht. Das aufwendig konstruierte Stützenbauwerk ruht auf sage und schreibe 180 Betonpfeilern von drei Meter Dicke. Sie sind bis zu 120 Meter lang und etwa zur Hälfte im Erdreich oder auf dem Meeresgrund verankert.

Doch trotz der großzügigen Landebahnerweiterung um rund tausend Meter ist die Gefahr der Scherwinde bis heute nicht gebannt, und so gestaltet sich vor allem der Anflug auf Madeira mitunter nicht ganz einfach – zumal in der Endphase bei bestimmten Witterungsbedingungen eine reichlich enge Rechtskurve geflogen werden muss. Allerdings beschert diese den Passagieren, die auf der linken Fensterseite der Maschine sitzen, einen atemberaubenden ersten Blick auf die Insel.

DUMONT THEMA

MADEIRAWEIN

Von der Sonne verwöhnt

Schon Shakespeares Falstaff war bereit, für „ein Glas Madeira und ein Hühnerbein" seine Seele hinzugeben. Und der Duke of Clarence, anno 1478 nach der gewünschten Art seiner Hinrichtung befragt, bat angeblich gar darum, „in einem Fass Malvasier" ertränkt zu werden.

Dass der Madeirawein erst seit dem frühen 18. Jahrhundert professionell auf der Insel hergestellt wird – zwei Schotten, Francis Newton und William Gordon, gründeten 1745 die erste auf Malvasier spezialisierte Kellerei –, spricht entweder für einen elitären Geschmack des Duke oder gegen den Wahrheitsgehalt der Legende. Tatsächlich bezogen sich Shakespeare und der Duke wohl auf den zu ihrer Zeit sehr beliebten normalen Tafelwein Madeiras. Dessen alte Reben wurden allerdings im 19. Jahrhundert durch Schädlingsbefall fast vollständig vernichtet und später weitgehend durch widerstandsfähige amerikanische Hybridreben ersetzt. Deren meist mit einfachsten Methoden und nur für den Privatgebrauch oder das Dorffest gekelterter Saft – der herbe *americano* – prägte fortan das Thema Tafelwein auf Madeira.

Inzwischen haben mehrere engagierte junge Winzer jedoch beschlossen, neue Wege einzuschlagen.

Weinlese in Câmara de Lobos, im Auftrag der Madeira Wine Company

Ein hochprozentiger Tropfen

Wenn heute von Madeirawein die Rede ist, handelt es sich in erster Linie um den hochprozentigen Tropfen mit bis zu 20 Prozent Alkoholgehalt, dessen (zweite) Fermentierung durch Zugabe von Branntwein oder Tresterbrand gestoppt wird und den man einer längeren Erwärmung aussetzt. Ursprünglich besorgte dieses langsame „Aufheizen" die Natur. Ihrer Willkür, so die Legende, soll auch die Geburt des Madeiraweins zu verdanken sein. An Bord der portugiesischen Schiffe waren die Holzfässer in den Tropen oft monatelang der Kraft der Sonne ausgesetzt, nachdem ihr Inhalt von den Seeleuten, zwecks besserer Haltbarkeit, schon vor dem Ankerlichten mit Branntwein versetzt worden war. Am Ziel der Reise stellte sich heraus, dass die stete Erwärmung des verschnittenen Rebensafts dessen Geschmack zum Positiven verändert hatte.

Fortan wurde diese Prozedur nicht mehr dem Zufall überlassen, sondern gezielt durchgeführt. Ausgewählte Tropfen in relativ kleinen Fässern gingen auf Schiffsreise in die portugiesischen Überseeprovinzen, um den Reifungsprozess, die sogenannte

Ein alter Madeira sollte 24 bis 48 Stunden vor dem Servieren dekantiert werden.

DUMONT
THEMA

Im Holzfass gereift, entwickelt der Madeirawein seinen ganz besonderen Geschmack.

Madeirisierung, zu unterstützen. Später versuchte man den Effekt durch mehrmonatige Lagerung bei Temperaturen zwischen 45 und 75 Grad Celsius zu ersetzen. In Speichergebäuden – ähnlich wie bei der Herstellung hochwertiger Balsamico-Essige in Italien – stapelte man die Fässer auf verschiedenen Ebenen bis unter das Dach.

Diese klassische Methode ist heute sehr selten geworden. Allein der Volumenverlust von rund drei Prozent pro Jahr im Holzfass führt über die oft jahrzehntelange Reifelagerung zu erheblichen Kosten. Daher greifen inzwischen fast alle Madeirawein-Erzeuger zu ausgeklügelter Technik, um die Karamellisierung des Weines zu erzielen. In Stahltanks und mithilfe von Wasserspiralen ist das Ziel rasch erreicht – zu rasch bisweilen.

Edle Sorten ...

Hergestellt wird Madeirawein aus den acht historischen Edeltraubensorten Terrantez, Bastardo, Moscatel, Listrão, Sercial, Boal, Verdelho und Malvasia. Die vier letztgenannten sind die bekanntesten. Sie gedeihen vornehmlich an der rauen Nordseite der Insel. Als „Arbeitspferd" für den Madeirawein dient die Rebsorte Tinta Negra Mole. Sie verfügt über die Eigenschaft, den Geschmack der mit ihr vermischten anderen Traubensorten anzunehmen. Angebaut wird die Tinta Negra Mole vor allem auf den sonnigen Terrassenfeldern von Estreito de Câmara de Lobos. Etwa zehn alteingesessene Madeirakellereien existieren heute noch auf der Insel. Sie unterliegen alle der Kontrolle des staatlichen Madeiraweininstituts.

... und passende Begleiter

Perfekt in Szene gesetzt werden die Madeiraweine erst durch die angemessene Verpartnerung: Während der trockene Sercial ganz hervorragend zu Fisch und der halbtrockene Verdelho zu pikanten Häppchen passen, bildet der süßere Boal eine unübertroffene Ergänzung zu Weichkäse oder Feingebäck. Möchte man eine Essenseinladung gepflegt mit ein wenig Obst oder einem kräftigen Käse abrunden, empfiehlt sich dazu ein Malvasia.

Madeira Wine Company

In der ältesten Weinkellerei der Insel veranschaulichen Führungen die Herstellung des Madeiraweins (auch auf Deutsch, mit Verkostung; Buchung im Internet).

Mo.–Fr. 10.00–18.30, Sa. 10.00–13.00 Uhr;
Blandy's Winelodge, Avenida Arriaga 28,
9000-064 Funchal, Tel. 291 22 89 78

www.blandyswinelodge.com

Beim Madeira-Weinfestival dreht sich alles um den Rebsaft. Das Fest beginnt mit der Traubenernte und wird mit einer feierlichen Parade, Musik und Folklore gekrönt.

IM OSTEN
90 – 91

INFOS & EMPFEHLUNGEN

IM OSTEN
92 – 93

Im Reich der Pioniere

Hügel mit Apfel- und Birnbaumplantagen staffeln sich im Osten Madeiras hinter einer Küste, deren Charakter von der Kieselbucht Santa Cruz über Hafen- und Promenadenareale wie in Machico und Caniçal bis zur eindrucksvollen Kargheit der São-Lourenço-Spitze reicht.

① Camacha

Luftiges Weidengeflecht prägt seit Jahrhunderten den Alltag in Camacha: Körbe für Bauern und Levadabauern stammten aus diesem fast 700 m hoch gelegenen Dorf.

SEHENSWERT

Aus feuchten Tälern, auf deren Grund die Igelköpfe der kleinen Korbweiden wuchern, erhebt sich der flache Bergrücken, auf dem das Dorf der Korbflechter thront. Sein Zentrum gruppiert sich um den **Largo de Achada**, einen großzügigen Platz. Im Jahr 1875 fand hier das erste Fußballspiel auf portugiesischem Boden statt. Ein in Camacha ansässiger Brite hatte einen Ball aus seiner Heimat mitgebracht und zwei Mannschaften aufgestellt. Eine Gedenktafel erinnert an das historische Sportereignis. An der Stirnseite des Largo de Achada liegt das aus einem ehemaligen englischen Sommersitz hervorgegangene **Café Relógio** (www.caferelogio.com, tgl. 8.45 – 19.30 Uhr). Über mehrere Etagen erstreckt sich hinter der von einem auffälligen Uhrturm à la Big Ben gekrönten Fassade Madeiras größter Korbwarenmarkt, ein Laden, der von allen Reisebussen und Taxichauffeuren angesteuert wird. Sogar einen kleinen „Zoo" mit Tieren aus Weiden- und Ginstergeflecht findet man in einem der Untergeschosse. Im Keller wurde eine Schauwerkstatt eingerichtet (geöffnet nur an Werktagen); dort kann man Flechtern und Möbelbauern bei der Arbeit zuschauen.

AKTIVITÄTEN

Längs der Levada da Serra do Faial erreicht man auf einer **Wanderung** von Camacha aus in ca. 3,5 Std. den Jardim Botânico von Funchal. Der Weg führt durch eine abwechslungsreiche bäuerliche Landschaft, durchquert Strandkiefern- und Eukalyptushaine und kurz vor der Straße nach São João de Latrão ein Stück ursprünglichen Lorbeerwald.

UMGEBUNG

Über den Poiso-Pass (1412 m) nach Norden fahrend erreicht man nach rund drei kurvigen Kilometern den Weiler **Ribeiro Frio** mit seinen Forellenzuchtbecken. Um sie herum wurde ein kleiner Garten mit vielen endemischen Inselpflanzen angelegt. Im nahen Lokal Ribeiro Frio, auch bekannt als **Victor's Bar**, gehören frisch geräucherte Forellen zu den Spezialitäten.

② Santa Cruz

Santa Cruz zählt zu den ältesten Siedlungen Madeiras. Eng drängt sich der historische Kern an den Atlantik. Die einstige Bedeutung im Zusammenhang mit dem Zuckerexport zeigt noch so manches eindrucksvolle Bauwerk. Von Santa Cruz aus, das über einen langen grauen Kieselstrand verfügt, werden heutzutage die Gemeinden Camacha, Caniço, Gaula und Santo da Serra verwaltet. Auch der Flughafen Santa Catarina liegt in der Gemarkung von Santa Cruz.

SEHENSWERT

Inmitten von Grünanlagen und schmalen Gassen erhebt sich zentral in der Altstadt die im gotischen Stil erbaute Kirche **São Salvador** (1533). Auftraggeber für das Gotteshaus war der Edelmann João de Freitas, der im Innern auch begraben liegt. Einige Steinmetzarbeiten stammen aus manuelinischer Zeit. Der trutzig wirkende Kirchenbau ist einer der wenigen

Immer wieder faszinierend: traditionelle blau-weiße Azulejos, hier mit ländlichen Motiven geschmückt

dreischiffigen auf der Insel. An der Vorderfront prangen zwei massige Pfeiler und ein ebensolcher Turm. Das auf einer Marmorsäule neben der Kirche stehende „heilige" Kreuz illustriert die Herkunft des Ortsnamens. Ein Künstler des 20. Jhs., der Portugiese Outeiro Agueda, schuf an der gelb getünchten modernen **Markthalle** einen Kachelfries, der verschiedene landwirtschaftliche Tätigkeiten und Fischer bzw. Fischhändler bei der Arbeit zeigt. Nur wenige Schritte hinter dem Mercado beginnen die **Uferpromenade** und der Strand, an dessen Saum Dattelpalmen ihre Blätterkronen wiegen. Bunte Fischerboote liegen in ihrem Schatten.

AKTIVITÄTEN

Im Sommer können am öffentlichen Strand Tretboote gemietet werden – Freizeitkapitäne ahoi! Am Ostzipfel des Kieselstreifens liegt unterhalb einer schwarzen Felsmauer die **Badeanlage Praia das Palmeiras** mit einem Pool, betonierter Liegefläche und einem langen Steg hinaus ins Meer. Nahe dem kleinen Jachthafen im Westen wurde der **Aquaparque** mit Kinderbecken und Wasserrutschen geschaffen (www.aquaparque.com).

Tipp

Garten mit Aussicht

Die einstige Quinta do Roveredo (19. Jh.) am Oststrand von Santa Cruz fungiert heute als **Casa da Cultura**. Sehenswert ist der bei Veranstaltungen zugängliche Garten mit einem wunderbaren Blick auf die Desertas-Inseln.

INFORMATION

Rua Bela de São José,
Tel. 291 52 01 24, www.casadaculturadesantacruz.tumblr.com

INFOS & EMPFEHLUNGEN

③ Santo Antonio da Serra

Eingebettet in eine frisch-grüne Hügellandschaft liegt etwa auf halber Höhe zwischen Machico und dem Portelapass die Sommerfrische Santo Antonio da Serra. Madeiras erster Golfplatz gehört ebenso zur Gemeinde wie eine Vielzahl von Apfelbäumen.

SEHENSWERT
Am Ortseingang, noch vor der Kirche (19. Jh.), besaß einst die aus England nach Madeira eingewanderte Weinhändlerfamilie Blandy eine großzügige Villa mit ausgedehntem Garten, die **Quinta do Santo da Serra.** Inzwischen ist das Anwesen öffentlich. Ein breiter, blütengesäumter Weg führt von der Hauptstraße in den Park hinein. Zwischen dem verschwenderischen Grün der Anlage öffnen sich lichte Wiesen. Außerdem gibt es einen kleinen Zoo. Folgt man dem Pflasterweg in den hinteren Teil des Gartens, gelangt man zum Aussichtspunkt **Miradouro dos Ingleses.**

AKTIVITÄTEN
Wer nicht **golfen** will (Clube de Golf Santo da Serra, Tel. 291 55 01 00, www.santodaserragolf.com), kann von Santo da Serra aus **Levadawanderungen** unternehmen, etwa nach Portela oder längs der Levada do Furado nach Ribeiro Frio. **Reiter** kommen im Centro Hipico Quinta da São Jorge auf ihre Kosten – auch kulinarisch (Sítio da Lagoa, Tel. 291 55 20 43, www.quintadesaojorge.com).

VERANSTALTUNGEN
Sonntags gibt es auf dem Ausstellungsgelände Parque das Freiras hinter der Kirche einen großen **Markt** mit Alltagsdingen und Imbissständen. Jedes Jahr im Oktober wird das kleine **Sidra-Fest** zu Ehren des Apfelweins gefeiert.

RESTAURANT
Grillspezialitäten und typische Inselgerichte serviert das Lokal € **A Nossa Aldeia** (Caminho Do Arrebentao, ER 207, Tel. 291 55 21 42) – eine Institution am Rande des Parque das Freiras.

HOTEL
Das aus einer privaten Quinta hervorgegangene € € **Porto Bay Serra Golf** (Sítio dos Casais Próximos, Tel. 291 55 05 00, www.portobay.com) vereint hinter seiner himmelblauen Türmchenfassade zeitgenössischen Komfort mit nostalgischem Herrenhaus-Charme.

UMGEBUNG
In engen Kurven windet sich die Straße Nr. 102 hinauf zur Streusiedlung **Portela.** Vom gleichnamigen Aussichtspunkt bietet sich ein schöner Blick auf die Nordküste.

④ Machico

An der Mündung des Ribeira de Machico liegt geschützt in einem fast rechteckigen Naturhafen Madeiras älteste Siedlung. Die portugiesischen Seefahrer João Gonçalves Zarco und Tristão Vaz Teixeira betraten hier erstmals madeirischen Boden. Heute zieht sich Machico zu beiden Seiten des tief eingeschnittenen Flusstals weit die Berghänge hinauf.

SEHENSWERT
Zentrum der Altstadt ist das lebendige Areal zwischen **Rathaus** (1920) und der Pfarrkirche **Nossa Senhora da Conceição,** die auf eine Stiftung Branca Teixeiras, der Frau von Tristão Vaz Teixeira, zurückgeht. Aus dieser Zeit sind die Portale (15. Jh.) erhalten. Die drei Marmorsäulen des Seitenportals stiftete Manuel I. Im Innern wurde die Kirche während der Barockzeit kräftig umgestaltet, erhielt Blattgoldaltäre und eine bemalte Decke im Kassettenstil. Original erhalten aus manuelinischer Zeit sind nur die beiden Seitenkapellen, eine davon mit dem Phönix-Wappen der Familie Teixeira. Unter dem Holzfußboden liegen angeblich die Gräber der Familienangehörigen, auf dem Platz vor dem Gotteshaus steht die Statue von Tristão Vaz Teixeira. Auf der Rückseite des Busbahn-

Dem Himmel ganz nah ist man am Ostkap, unendlich Weite genießt man am Strand bei Caniçal.

hofs wurde ein Rest des **Aquädukts** restauriert, der einst über 14 Bögen Wasser zu einer Zuckermühle leitete, von der nur noch der Turm steht. Stellvertretend für einige Ausgrabungsfunde des 16.–19. Jhs. sind im **Núcleo Arqueológico da Junta de Freguesia de Machico** (Travessa do Mercado 13, im Gebäude der Gemeindeverwaltung; geöffnet zu den Dienstzeiten) eine historische Zisterne sowie traditionelle Keramik zu sehen.
Über die Schutzburg **Forte Amparo,** die heute in ihren dicken gelben Mauern die Touristeninformation birgt, gelangt man durch malerische Gassen und eine Platanenallee zur Promenade mit dem **Forum Machico.** Der moderne Kubus beherbergt Kino- und Kongresssäle sowie ein Restaurant. Davor liegt ein Kieselstrand. Schaut man von der Promenade nach Westen, erblickt man an der steilen Klippenwand die **Capela de São Roque.** Das kleine Gotteshaus birgt Azulejos aus dem Barock mit Szenen aus dem Leben des Pestheiligen Rochus. Unterhalb der Kapelle, die leider meist verschlossen ist, sprudelt aus dem Felsen eine ebenfalls nach dem Heiligen benannte, angeblich heilkräftige Quelle. Von der Promenade nach Osten blickend, erkennt man den kühnen Schwung der neuen Metallbrücke, die hinüberführt ins ehemalige Fischerviertel **Banda d'Alem.** Die alte kleine Steinbrücke neben dem Rathaus endet auf dem von indischen Lorbeerbäumen beschatteten **Largo Senhor dos Milagres,** dem einstigen Hauptplatz des Viertels. Dort steht auch die **Capela de Nosso Senhor dos Milagres;** bei der „Kapelle des Herrn der Wunder" soll es sich um die erste Kirche der Insel gehandelt haben, erbaut um 1425. Die heutige Capela stammt allerdings aus dem Jahr 1810, da das ursprüngliche Gebäude im 16. Jh. einem Brand zum Opfer fiel. Original aus dieser Zeit ist nur die hölzerne Christusstatue erhalten. Das Bild neben dem Altar schildert ihre wundersame Rettung bei der Hochwasserkatastrophe von 1803, als der Machico-Fluss über die Ufer trat und die Kapelle zum zweiten Mal zerstört wurde.

Die Klippen von Madeiras östlichster Spitze ragen bis zu 180 m hoch über dem Atlantik empor.

VERANSTALTUNG
Alljährlich am ersten Oktoberwochenende gedenkt Machico mit der **Festa do Senhor dos Milagres** der Bergung der drei Tage verschollenen Christusfigur aus dem Meer.

UMGEBUNG
Auf einer Anhöhe westlich des Orts liegt bei Penha de Agua der nach einem 1773 in Machico geborenen Dichter benannte Aussichtspunkt **Miradouro Francisco Álvares de Nóbrega.** Von seiner zu Fuß gut zu erreichenden Höhe bietet sich ein schöner Blick auf die Bucht von Machico und die Halbinsel São Lourenço. Grandios ist auch die Aussicht vom gut 300 m hohen **Pico do Facho** (Fackelberg).

RESTAURANT
An der Hafenpromenade setzen die beiden Damen von € / € € **Mare Alta** (Largo Da Praca, Tel. 291 60 71 26) ihre 2004 in einer kleinen Gasse begonnene Tradition frischen Grillfischs fort – ergänzt um weitere Meeresgenüsse.

HOTEL

Klare, moderne Formen dominieren im kleinen Hotel € **White Waters** (Praceta 25 de Abril 34, Tel. 291 96 93 80, http://hotelwhitewaters.com) mit Sonnenterrasse und Teegarten im Herzen des alten Machico.

INFORMATION

Forte de Nossa Senhora do Amparo, Alameda Dr. José António d'Almada, 9200 Machico, Tel. 291 96 22 89, www.cm-machico.pt

❺ Caniçal

Bis in die 1980er-Jahre war der 3800-Seelen-Ort am Beginn der kargen Halbinsel Ponta de São Lourenço vom Walfang geprägt. Mittlerweile wurde ein neues, großes Hafengelände geschaffen, über das fast die gesamte Frachtschifffahrt Madeiras abgewickelt wird.

SEHENSWERT

Hauptattraktion von Caniçal ist das in einem Neubau am Westrand des Ortes beherbergte **Walmuseum** (MBM = Museu da Baleia de Machico, Rua da Piedra d'Eira, www.museuda baleia.org; Di.–So. 10.30–18.00 Uhr, Nov.–Feb. 10.00–17.00 Uhr). Zur neuen **Uferfront** gehören auch ein Schwimmbad, eine Promenade und ein kleiner Park. Auf der Reparaturwerft im **Hafengelände** wartet man noch Fischkutter.

VERANSTALTUNGEN

Jeweils am dritten Wochenende im September findet das **Fest zur Verehrung der Nossa Senhora da Piedade** statt, begleitet von einer aufs Meer hinausziehenden Prozession.

UMGEBUNG

Um Caniçal liegen kleine Badebuchten mit Duschen, darunter die **Praia Ribeira do Natal** und die **Prainha,** Madeiras einziger natürlicher Sandstrand. Ganz in ihrer Nähe gibt es angeschnittene **Kalksanddünen,** in denen man zahlreiche Schneckenfossilien finden kann. In den Gruben wurde früher Kalk abgebaut, für Dünger oder Mörtel. 2004 entstand einen Steinwurf östlich der Prainha der Jachthafen **Quinta da Lorde,** um den in den Folgejahren allmählich ein Retortendorf wuchs mit Hotel, Ferienwohnungen, Leuchtturm und sogar einer Kirche (www.quintadalorde.pt).
Prainha und Marina liegen am Rand der Halbinsel **Ponta de São Lourenço TOPZIEL**, die seit 1982 teilweise Naturschutzgebiet ist. Die Klippen von Madeiras östlichster Spitze ragen bis zu 180 m hoch über dem Atlantik empor. Die Landschaft ist wüst und baumlos; nur einige Wildblumen wachsen an geschützten Stellen. Vom Miradouro an der Ponta do Rosto bietet sich ein schöner Blick auf die bizarren Felsformationen der Nordküste. Ein Fußweg führt auf der Spitze bis zum kleinen Infocenter **Casa da Sardinha** (tgl. 10.00–16.30 Uhr); die angrenzenden Inselchen Ilhéu de Agostino und Ilhéu do Farol (auf letzterem steht Madeiras ältester Leuchtturm) sind nur vom Wasser aus zu erreichen.

IM OSTEN
94 – 95

Genießen   Erleben   Erfahren

DuMont Aktiv

Schritt für Schritt übers Kap

Wandern auf Madeira hat viele Facetten. Ganz im Osten der Insel bietet die Vereda da Ponta de São Lourenço eine besondere Variante: Das tiefblaue Meer vor Augen durchquert man bizarre Steinlandschaften.

Zu Caniçal, dem einstigen Walfängerort, gehört auch die Baía d'Abra, eine kleine Bucht, von deren *mura da pedra* (Steinmauer) an es keine Privatgrundstücke mehr gibt, sondern nur noch staatliches Gelände, das zudem – in Teilen zumindest – Naturreservat ist. Auf der vulkanischen Zunge liegt dabei hauptsächlich Basalt unter unseren Füßen.

Die Vegetation auf der Ponta de São Lourenço unterscheidet sich deutlich vom Rest der Insel. Doch karg wirkt sie nur auf den ersten Blick. Fast 140 Pflanzenarten haben Experten auf der Peninsula identifiziert – 31 davon wachsen ausschließlich auf Madeira. Auch eine der größten Möwenkolonien der Region lässt sich bei unserer Wanderung entdecken; sie nistet auf der vorgelagerten Ilhéu do Desembarcadouro.

Am Horizont erkennen wir im Süden deutlich die Desertas-Inseln und im Norden Porto Santo. Rund um das Kap selbst taucht aus den Wellen manchmal ein Seehundrücken auf. Wer selbst ins Wasser möchte, kann dies dann an den Cais do Sardinha tun.

Weitere Informationen

Die **Wanderstrecke** (Hin- und Rückweg) beträgt insgesamt 8 km ab der ER 109 an der Baía d'Abra.

Wer auf eigene Faust geht, sollte ausreichend **Trinkwasser** dabeihaben; es gibt keine Einkehrmöglichkeit unterwegs.

Die **Klippenränder** sind ungesichert, und es besteht mitunter Abbruchgefahr. Daher ist Vorsicht geboten.

Bei organisierten Ausflügen wird die Ostkapwanderung manchmal mit einer **Bootstour** kombiniert.

Wer am Ostkap wandert, braucht festes Schuhwerk und sollte sich auf kräftige Nordwinde einstellen.

Madeiras schöne Schwester

Ilha dourada, „vergoldete Insel", wird Porto Santo gern genannt. Tatsächlich säumt feiner goldgelber Sand fast die gesamte Südküste von Madeiras schöner Nachbarin. Der Traumstrand lockt im Sommer nicht nur Portugiesen. Seit einiger Zeit beflügelt er die Fantasie von Lokalpolitikern und Investoren, die Porto Santo als Alternative zu Sylt oder Saint-Tropez etablieren wollen. Einige Luxusdomizile und einen Golfplatz gibt es bereits.

Porto Santo hat im Überfluss, was der Hauptinsel fast gänzlich fehlt: türkisblaues Wasser und einen goldgelben Sandstrand.

Wer schon genug am Strand gechillt hat, freut sich über Entdeckungen anderer Art, wie etwa diesen Papagei. Und wer sich aufs Rad schwingen will, findet an der flachen Südküste von Porto Santo – hier im Hauptort Vila Baleira – ideales Terrain.

Der spanische Altmeister Severiano Ballesteros legte den Porto Santo Golf Course an.

> Unvorstellbar, dass sich einstmals über die gesamte Inselfläche Drachenbaumwälder erstreckten.

Gut neun Kilometer erstreckt sich der breite Strandstreifen Porto Santos von der Ponta Calheta bis zum Hafen. Ein halbes Dutzend Bergkegel erhebt sich dahinter in felsiger Nacktheit, dominiert von den erdigen Farbtönen Ocker, Rotbraun und Karamell. Nur vereinzelt zeigt sich das Grün noch junger Bäume – erste Resultate eines ambitionierten Wiederaufforstungsprogramms. Eine weite Fläche nimmt indes der Golfplatz ein, auf dem im März 2009 zum ersten Mal das traditionelle Turnier Madeira Islands Open ausgetragen wurde.

Flugzeugpiste statt Drachenbaumwälder

Es ist fast unvorstellbar, dass sich einst über die gesamte Inselfläche wilde Drachenbaumwälder erstreckten, dass dort später Kornfelder wogten und ein riesiger Felderteppich üppige Ausbeute lieferte an Obst, Gemüse und Wein. Bis ins 20. Jahrhundert lebte das Gros der Familien auf Porto Santo von der Erde und vom Meer. Raubbau, Brandrodung, Überweidung und – so die Legende – eingeschleppte Kaninchen, die sich ungehemmt vermehrten, zerstörten im Lauf der Zeit die Inselvegetation. Der einst fruchtbare Boden trocknete aus, Regenfälle und Wind spülten die Ackerkrume nach und nach ins Meer. Mit dem Bau des NATO-Flughafens verschwanden weitere Äcker. Nur noch wenige der rund 5000 Inselbewohner widmen sich heute der Landwirtschaft; die meisten haben sich in irgendeiner Form dem Tourismus verschrieben: als Taxifahrer oder Safariguide, Strandbarbetreiber oder Zimmervermieter.

Neue Luxusbetten am Strand

Neue Großhotels sollen weitere Arbeitsplätze bringen. Zwar ist Cristiano Ronaldos Traum von einer Sieben-Sterne-Golfherberge inzwischen geplatzt, doch stockte die Insel ihr Bettenangebot auch ohne das Objekt in den vergangenen Jahren von 2500 auf nun rund 3000 auf. Die jüngste Anlage umfasst hundert Zimmer, ausgestattet in luxuriösem zeitgenössischem Stil, sowie moderne Ferienapartments mit zwei bis vier Schlafzimmern. Drei Außen- und ein Innenpool bieten Abwechslung zu Strand- und Meeresvergnügen. Der erste Spatenstich für das Megaprojekt mit geplanten 1500 Betten erfolgte bereits im Jahr 2005, doch gingen den Investoren die Gelder aus, da sich der Verkauf der Apartments als schwierig erwies. Ende 2012 nahm sich Portugals größter Hotelkonzern, der seine Wurzeln auf Madeira hat und inzwischen Häuser in ganz Europa sowie

Im Westen fällt die Küste steil zum Meer ab.

Gruppenbild mit Palmen und dem Kirchturm
der Igreja Nossa Senhora de Piedade in Vila Baleira

Kolumbus und der dunkle Kontinent

Auf dem Weg in den Hafen der Ehe

Special

Modelle erinnern an die Flotte des unter portugiesischer Flagge segelnden Kolumbus.

Historisch verbrieft ist wenig, wenn es um Kolumbus und Madeira geht. Aber es gibt viele Geschichten, und man erzählt sie hier gern.
Ausgeschickt von reichen genuesischen Landsleuten, die sich in Portugal niedergelassen hatten, ging der spätere Entdecker bei der portugiesischen Atlantikinsel vor Anker, um Zucker zu erwerben. Nahe Ponta do Sol, im inzwischen verfallenen Landsitz von João Esmeralda, einem der damaligen Zuckerbarone, soll der junge Italiener der bezaubernden Felipa Moniz, der Tochter des ersten Legatskapitäns, einer Art Gouverneur, von Porto Santo begegnet sein.
Kolumbus und die adelige Schöne mit französischen und italienischen Ahnen fanden, so heißt es, auf Anhieb Gefallen aneinander. Und trotz erheblicher Standesunterschiede gelang es dem seetüchtigen Genuesen, sie zu seiner Frau zu machen. Nach der Eheschließung nahm das Paar angeblich im Hause des Schwiegervaters Quartier – einem ansehnlichen Bau nahe der im Zentrum von Vila Baleira gelegenen Kirche. Ob dort tatsächlich Diego, der erste Sohn der beiden, geboren wurde, ist nicht gesichert. Es gibt auch Stimmen, die besagen, dass der Sprössling eher in Lissabon das Licht der Welt erblickt hat als auf Porto Santo.
Wie dem auch sei: Als Casa Museu Cristóvão Colombo erinnert heute das einstige Gouverneursdomizil an die Entdeckungsfahrten des berühmten Genuesen.

in Südamerika und Südafrika betreibt, der Fertigstellung und Vermarktung der Anlage in unmittelbarer Nachbarschaft zu einem seiner bestehenden Hotels an.

Die schlafende Prinzessin
Pico heißen die meisten Berge auf Porto Santo – und zu fast jeder dieser „Spitzen" wissen die Einheimischen eine Geschichte zu erzählen. Eine der hübschesten Legenden rankt sich um den Pico de Ana Ferreira, eine fast 300 Meter hohe Erhebung, an deren Nordflanke eine gigantische Basaltsäulenorgel überrascht. Da der Berg von der Form her an eine schlafende Frau erinnert, heißt es, eine weise Dame – manche sagen: eine Prinzessin – namens Ana Ferreira habe dort in einer Höhle gelebt. Von der ganzen

Nur einmal im Jahr stieg Prinzessin Ana aus ihrer Höhle hinab zur Küste.

Insel kamen die Menschen zu ihr, um sich Rat und heilende Kräuterelixiere zu holen. Nur einmal im Jahr stieg Ana aus ihrer Höhle hinab zur Küste. Für diesen besonderen Ausflug ließ sich auch die Natur etwas ganz Besonderes einfallen: Sie legte einen üppigen Blumenteppich aus. Jedes Jahr im Frühling wiederholt sich dieses Naturschauspiel, wenn es genügend regnet: Überall in der Region sprießt dann zartes Grün, gesprenkelt vom Gelbweiß der Kronenwucherblume.

Der Drachenkopf
Vom Berg der Ana Ferreira schweift der Blick zu dem benachbarten Cabeço do Dragoal, dem Drachenkopf, der tatsächlich ein wenig wie ein Ungetüm aussieht, und weiter auf die harmlose Nachbarerhebung mit dem fast musikalisch klingenden Namen Cabeço do Zimbralinho. Wahrscheinlich leitet er sich von *zimbro* (Wacholder) ab. Ob nun tatsächlich Zicklein den Pico do Cabrito kahl gefressen

Prachtvoller Blick vom Aussichtspunkt Portela auf den abends stimmungsvoll illuminierten Hauptort der Insel

Die Windmühlen jüngeren Datums tragen einen Holzkorpus auf einem Steinsockel.

> Nahm ein Piratenschiff Kurs auf die Insel, wurde auf dem Berg ein großes Leuchtfeuer angezündet.

haben, war nicht in Erfahrung zu bringen, aber auf dem Pico do Castelo, dem Burgberg, suchten in früheren Zeiten die Inselbewohner häufig Schutz vor Piraten, denn auf dem zuckerhutförmigen Gipfel hatten sie eine kleine Zufluchtsstätte erbaut. Inzwischen pflastern die Steine des *castelo* den Fußweg zum Gipfel; von der „Burg" blieb nur eine Ruine. Aber die Aussicht ist grandios.

Leuchtfeuer zum Schutz vor Piraten

Nur vom benachbarten Pico do Facho, dem Fackelberg, war die Aussicht wohl schon vor Jahrhunderten noch besser: Auf seinem Gipfel saßen die Späher, die die Porto Santenser mit Fackelzeichen vor nahenden Piraten warnten. Nahm ein Piratenschiff Kurs auf die Insel, wurde auf dem Berg ein großes Leuchtfeuer angezündet, das auch von der Ponta de São Lourenço, dem östlichsten Teil von Madeira, aus gesehen werden konnte. In der Folge wurden dann überall auf den Bergspitzen bis nach Funchal Leuchtfeuer angezündet, um auch die Metropole auf den Überfall vorzubereiten.

Windmühlen, Wasser und Wein

Heftig tosen die Lüfte an diesem Morgen um die Landspitze Ponta da Canaveira. Viele Tage im Jahr und aus vielen Richtungen bläst der Wind über die relativ flache Insel, ein Umstand, den sich ihre Bewohner bereits vor Jahrhunderten zunutze machten und Windmühlen erbauten, um das damals noch reichlich vorhandene Korn zu mahlen. Wann genau die erste Mühle errichtet wurde, ist strittig. Anfang des 19. Jahrhunderts sind zumindest drei solcher Gebäude verbrieft. Um das Jahr 1900 heißt es in den Chroniken, Porto Santo biete mit seinen ungezählten Windmühlen einen „sehr pittoresken Anblick".

Die älteren *molinhos* wurden ganz aus Stein erbaut, jene jüngeren Datums tragen auf einem Steinsockel einen Holzkorpus, der sich je nach Windrichtung dreht. Der Almanach von Madeira des Jahres 1924 listet für Porto Santo zwei Mühlen in Calheta auf, sechs in Campo de Baixo, drei in Campo de Cima, sieben in Matas, zwei in Lombas, eine in Vila, drei in Serra de Fora und sechs in Camacha. Inzwischen sind jedoch die meisten von ihnen verfallen.

Nur noch eine Legende ist auch Porto Santos Mineralwasserfabrik. Schon um das Jahr 1900 füllte man in Vila Baleira das prickelnde Nass in Flaschen; 1908 erhielt es sogar eine Goldmedaille auf der internationalen Mineralwasser-Ausstellung in Rio de Janeiro. Zwar verfügt die Insel noch immer über acht Süßwas-

Wo (Segel-)Träume wahr werden: Lautlos gleitet die
Jacht durch die Gewässer vor Porto Santo.

Interessante Säulenbasaltformationen zeigt der Pico de Ana Ferreira
im Westen von Porto Santo.

Von der auch als Badeplatz beliebten Ponta da Calheta, der Südspitze Porto Santos, bietet sich ein herrlicher Blick auf die vorgelagerte Nachbarinsel Ilhéu de Baixo.

Die Fonte da Areira entspringt vor der Kulisse bizarrer Sandsteinformationen.

serquellen, doch manche von ihnen ist inzwischen versiegt oder bedarf einer Restaurierung – das gilt selbst für die bekannteste, die Fonte da Areira, die vor der Kulisse bizarrer Sandsteinformationen entspringt und nicht nur wegen ihrer Jungbrunnenlegende Einheimische wie Fremde zu einem aussichtsreichen Picknick lockt.

Für den gestiegenen Wasserbedarf durch Bade- und Golftourismus wurde eine Meerwasserentsalzungsanlage gebaut. Wasser brauchen auch die Rebgärten der Insel, von denen die meisten um das Örtchen Camacha liegen – nicht zu verwechseln mit dem gleichnamigen Ort auf der Hauptinsel Madeira. Porto Santos Wein ist mit jenem auf Madeira nicht zu vergleichen; wahrscheinlich aufgrund der sandigen Böden erreicht er einen deutlich höheren Alkoholgehalt: bis zu 15 Prozent der weiße und bis zu 18 Prozent der rote.

Stilles Land hinter den Bergen
Auf eine einzige asphaltierte Hauptstraße beschränkte sich Porto Santos Verkehrsnetz bis vor wenigen Jahren. Erst spät wurden Pisten befestigt und zu Nebenstraßen ausgebaut. Hinter dem Hafen, dem Elektrizitätswerk und der neu angelegten „Penedo"-Zone mit Bars, Cafés, Restaurants, einer Beach-Volleyball-Tribüne und der Gokart-Bahn endet

Die Serra de Dentro erstreckt sich zwischen den kahlen Kegeln des Pico Gandaia, Pico do Cabrito und des Fackelbergs Pico do Facho, mit 517 Metern der höchste Gipfel der Insel.
Allradvergnügen in der Nähe des Aussichtspunkts Ponta da Canaveira, von dem man einen schönen Blick auf die Westspitze der Insel Porto Santo hat. Das am Fuß des Pico de Ana Ferreira gelegene Centro Hipico de Porto Santo organisiert Reittrecks. Dem Sand(strand) auf Porto Santo wird eine heilende Wirkung zugesprochen (im Uhrzeigersinn).

die zentrale Teerstraße inzwischen auf einem Parkplatz. Nun führt nur noch ein Erdweg auf gleicher Höhe weiter am Meer entlang. Steil fällt die Küste hier zum Wasser ab, doch immer wieder öffnen sich winzige, scheinbar unerreichbare Buchten. In ihrem Rücken ragen die Berge hoch in den Himmel empor, tiefe Erosionsrinnen zeugen von winterlichen Regenfällen. Felsbrocken versperren immer öfter den Weg. Nach einem kleinen Anstieg durchschreitet man ein Felsentor und folgt dann dem Pfad einige Meter abwärts.

Bequem mit dem Bus zurück

Für den Wanderer völlig unvermittelt öffnet sich bald ein breiter, hoher, im Winter oft unpassierbarer Tunnel. Er

Steil fällt die Küste hier zum Wasser ab, doch immer wieder öffnen sich winzige, scheinbar unerreichbare Buchten.

mündet im Osten der Insel: Linker Hand erhebt sich eindrucksvoll der Pico do Macarico, rechter Hand liegt die Baia da Baleia, die geschichtsträchtge Walbucht. Der Weg ist nun sehr bequem, breit und etwas sandig. Er wird oft auch mit Geländewagen befahren, teilweise sogar mit Pkws. Etwa eine Viertelstunde später erreicht man den Hafen von Porto das Frades. Hier endet die Straße von Serra de Fora.

Wer sich zum Dorf hinauf wendet, der entdeckt am Straßenrand noch die Reste der alten Salinen, die längst nicht mehr in Betrieb sind, und mit ein wenig Glück einen der vielen Wiedehopfe, die Porto Santo bevölkern. Etwa fünf Kilometer hat man nun zurückgelegt seit dem Ausgangspunkt des Ausflugs – und wer nicht denselben Weg zurückgehen will, der steigt in Serra da Fora in den Bus zurück nach Vila Baleira.

UNSERE FAVORITEN

Die schönsten Aussichtspunkte

Panorama ohne Grenzen

Einige Fast-Zweitausender sowie atemberaubend steile Küstenlandschaften ringsum: Madeira bietet aufgrund seiner Topografie eine Vielzahl spektakulärer Aussichtspunkte. Viele von ihnen wurden inzwischen zu sicheren Plattformen (*miradouros*) ausgebaut und sind auch ohne größere körperliche Anstrengungen erreichbar.

1 Skywalk do Cabo Girão

Fast 600 m über dem Meeresspiegel stehen die Besucher der zweithöchsten Klippe der Welt – so heißt es stolz auf Madeira, wenn vom Kap Girão die Rede ist. Der Boden unter den Füßen ist dabei (wie die Balustraden der weit über den Fels hinausragenden Plattform) ganz aus transparentem Kunststoff; ein schmaler Pfad mit ebenfalls transparentem Grund führt zudem eng am Fels entlang. Unten liegen winzig ein paar Küstenfelder, das Panorama reicht vom Pico do Arierio bis nach Funchal.

Cabo Girão Skywalk, erreichbar mit der Buslinie 154 ab Funchal, Parkplätze und Toiletten vorhanden, Souvenirangebot

2 Boca da Corrida

Bizarre Felsformationen und Hochgebirgsvegetation: Auf etwa 1000 m Höhe gelegen, bietet dieser befestigte Aussichtspunkt einen wunderbaren Blick auf das Tal Curral das Freiras sowie auf Eira do Serrado und auf das zentrale Gebirgsmassiv Madeiras. Die Boca da Corrida ist auch ein guter Ausgangspunkt für eine Wanderung zum Encumeada-Pass (ab der Kapelle auf dem gepflasterten PR 12 und weiter über den Kammweg bis zum Passo de Ares).

Boca da Corrida, in der Gemeinde Jardim da Serra, erreichbar mit dem Bus 96 von Funchal, dann 3 km zu Fuß oder mit dem Taxi

3 O Fio Ponta do Pargo

Viele Einheimische zieht es am Wochenende oder zum Feierabend hinab zu dem wie eine griechische Pergola wirkenden Rechteck in der Nähe des einstigen Transportlifts von Ponta do Pargo. Vom halbhoch mit Säulenzaun umgebenen Ausguck unterhalb des kleinen Gasthauses Casa do Cha o Fio gleitet der Blick über den je nach Tageszeit und Wetterlage silbrig bis goldrot schimmernden, scheinbar unendlichen Ozean und zum welligen Saum der Südwestküste.

O Fio, Ponta do Pargo. Der Aussichtspunkt kann mit dem Auto angefahren werden; es gibt Parkplätze vor Ort. Ansonsten Bus 142 bis Ortsmitte und ungefähr 20 Minuten Fußweg

4 Balcões

Ein wirklich grandioses Bergpanorama winkt am Ende des etwa halbstündigen Spaziergangs vom Forellenzucht-Örtchen Ribeiro Frio längs der Levada do Furado. Schon auf dem Weg beeindruckt die Natur des zum Welterbe der UNESCO zählenden Parque Florestal mit noch ursprünglichem Laurazeenwald und zahlreichen endemischen Pflanzen. Am Ende des 1,5 km langen Weges bietet sich von dem grob gepflasterten Rundbalkon ein prächtiger Blick auf die höchsten Gipfel Madeiras: den Pico Ruivo, den Pico das Torres und den Pico do Arierio.

Der Levadapfad beginnt unterhalb von Victor's Bar; Ribeiro Frio ist am besten per Auto (Mietwagen oder Taxi) zu erreichen, ansonsten empfiehlt sich die Anfahrt mit dem Bus 56 ab Funchal (8.10 und 10 Uhr), Sa./So. auch mit Bus 103 (7.30 Uhr statt der 8.10 Abfahrt von Bus 56)

UNSERE FAVORITEN
108 – 109

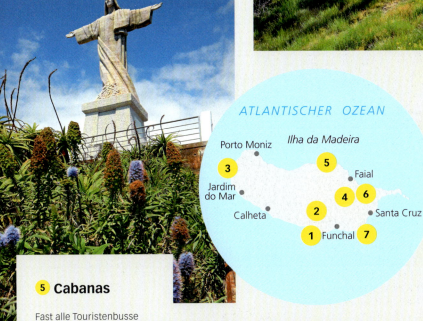

8 Miradouro da Terra Chã

Ein paar aus groben Steinquadern gebaute Sitzgelegenheiten, Holzstamm-Hocker, ein rustikaler Tisch: Vom baumbestandenen, luftig lattenumzäunten Aussichtspunkt Terra Chã bietet sich ein schöner Blick auf Vila Baleira, das Hauptstädtchen von Porto Santo sowie auf das Ilhéu de Cima. Auf einer ursprünglich für die Eselskarren zur Gerstenaussaat angelegten *Vereda* gelangt man vom Miradouro auch auf den 450 m hohen Pico Branco. Benannt wurde er nach einer weißen Steinsäule, bei der früher die Färberflechte *Urzela* in großen Mengen wuchs.

Miradouro da Terra Chã, Porto Santo. Der Weg (PR 1) ist von der Regionalstraße ER 111 ausgeschildert (Holzwegweiser); er gabelt sich an einem bestimmten Punkt, von dem es rechts zum Miradouro und links auf den Pico Branco geht.

7 Miradouro Cristo Rei

Großzügig wurde der Platz rings um die Statue des Cristo Rei in Garajau mit farbigem Straßenpflaster, Ruhebänken und kleinen Grünanlagen gestaltet. Sogar moderne Lampen wurden installiert. Über das filigrane Stahlgeländer schweift der Blick über einen Teil der Bucht von Funchal, das Naturreservat von Garajau und den Ort Caniço de Baixo hinaus in den Atlantik. Mit der großzügig verglasten Kabinenseilbahn lässt es sich vom Cristo Rei auch hinabgleiten zum kleinen Strand von Garajau mit Café/Bistro.

Miradouro Cristo Rei, Garajau. Mit Buslinie 55 von Funchal bis Garajau, tgl. ca. sechs Abfahrten bis zur Mittagszeit

5 Cabanas

Fast alle Touristenbusse legen zwischen São Jorge und Arco de São Jorge einen längeren Stopp ein. Hier bietet sich vom Miradouro Cabanas, einem der ersten speziell angelegten und inzwischen meist von Obst- und Souvenirhändlern gesäumten Aussichtspunkte Madeiras, einer der spektakulärsten Ausblicke auf die Nordküste.

Anfahrt mit dem Bus 103 ab Funchal; Sa., So. morgens direkt (sonst evtl. mit Umsteigen in Santana) bis Cabanas

6 Miradouro dos Ingleses

Um nach Handelsschiffen mit dem Ziel Funchal Ausschau zu halten und diese im Hafen zu empfangen, hatten britische Kaufleute bereits im frühen 19. Jahrhundert an der Küste von Santo da Serra eine Art Wachposten geschaffen. Heute genießen Besucher des Areals der Quinta do Santo da Serra den weiten Meerblick von der in den Fels gehauenen Aussichtsplattform gen Osten – mit der Ponta Sao Lourenzo und dem Ilhéu do Farol. Bei schönem Wetter lassen sich sogar die Desertas am Horizont entdecken.

Miradouro dos Ingleses, Quinta do Santo da Serra, erreichbar mit dem Bus 77 ab Funchal (Teleférico oder Praca de Autonomia) bis Depois Junta Frequesia Santo da Serra (je zwei Abfahrten am Vormittag, zwei am Nachmittag)

INFOS & EMPFEHLUNGEN

Weiße Sehnsucht im heiligen Hafen

Während die Sonne den Stränden im Süden Porto Santos einen goldenen Schimmer verleiht, taucht das Mondlicht den feinen Sand in ein fast unirdisches Weiß: „Saudade, Saudade Branca" heißt die Hymne Porto Santos – „Sehnsucht, weiße Sehnsucht ... wie die weiße Farbe deines Sandes in einer Mondnacht."

① Vila Baleira

Mit ihren hellen kleinen Häusern in dem nur wenige Sträßchen umfassenden Kern gleicht Porto Santos Hauptstadt einem großen Dorf. An den Rändern des Ortes wuchsen indes Einkaufszentren, Apartmentanlagen und Hotels.

SEHENSWERT

Mit weiß-schwarzen Motiven gepflastert, lenkt die Fußgängerzone **Rua do Zarco** den Besucher am Ortseingang zu winzigen Läden und Bars. Über ein Brückchen gelangt man, vorbei an neuem Kongresszentrum und neuem Rathaus (Câmara Municipal), zum eigentlichen Zentrum des Metropölchens, dem **Largo do Pelhourinho.** Flankiert von zwei Drachenbäumen erhebt sich dort das **alte Rathaus** im portugiesischen Renaissancestil des 16. Jh. Einige Bars säumen den Platz. Linker Hand liegt das kleine Festplatzrund, dahinter eine Hanggartenanlage, die zu dem gut 100 m langen einstigen Schiffsanleger (1929) führt und zur neuen Promenade, wo die beiden modernen Bauwerke der leider nur noch als Buffetrestaurant genutzten **Markthalle** und des **Centro do Artesanato** mit seinen Kunsthandwerksofferten einen optischen Anker bilden. Rechter Hand schaut man auf das blaue Azule-

Nachdem man sich beim Kolumbus-Festival nach Kräften verausgabt hat, verlockt der Sandstrand zum Relaxen.

jo-Medaillon an der schneeweißen Fassade der **Igreja Nossa Senhora da Piedade.** Unter ihrem hellroten Ziegeldach birgt die Kirche ein Altarbild von Max Römer. Der deutsche Maler besuchte in den 1940er-Jahren Porto Santo von Madeira aus und malte dort auch.

MUSEUM

In dem Gässchen hinter der Kirche erinnert die **Casa Colombo / Museu do Porto Santo TOPZIEL** (Travessa da Sacristia 2 u. 4, www.museucolombo-portosanto.com; Di.–Sa. 10.00 bis 12.30, 14.00–17.30, im Sommer bis 19.00, So. 10.00–13.00 Uhr) an den großen Entdecker Christoph Kolumbus, der möglicherweise in dem angrenzenden Gebäude logiert hat. Die Ausstellungsräume versammeln in erster Linie Exponate, die sich um sein Leben und Wirken ranken. Überdies besitzt das Museum einige von Max Römers Aquarellen und Farbzeichnungen mit Motiven aus Porto Santo.

VERANSTALTUNGEN

Das **Kolumbus-Festival**, das jedes Jahr in der dritten Septemberwoche stattfindet, feiert die Ankunft des Entdeckers auf der Insel. Neben Paraden, Messe und Markt gibt es jeden Abend Veranstaltungen. In die Festivitäten sind auch die alten Kais einbezogen, an denen der Seefahrer samt Gefolge in historischer Tracht anlandet und seiner Felipa zugeführt wird. Zu den großen touristischen Attraktionen der Insel zählen auch die **Festas de São João** Ende Juni. Höhepunkt der fünftägigen Feierlichkeiten bilden die *marchas populares*, bei denen zahlreiche Gruppen durch die Hauptstraßen der Stadt ziehen. An Mariä Himmelfahrt wird das **Senhora-da-Graça-Fest** in und an der gleichnamigen Kapelle gefeiert. Und in der letzten Augustwoche verwandelt das **Weinfestival** fast den gesamten historischen Ortskern in eine bunte Bühne. Öffentliches Traubenstampfen gehört ebenso zum Programm wie das Verkosten verschiedener Weine. Vom Strand auf der Höhe des Hotels Torre Praia bis zum Rathaus/Kongresszentrum in Vila Baleira verläuft die 42-km-Strecke des **Porto Santo Marathons** im Mai. Der sogenannte Ultra Trail umfasst auch Wettkampfdistanzen von 21 und 7,5 km (www.portosantomarathon.com).

AKTIVITÄTEN

Am Jachthafen gibt es eine **Tauchbasis**, die Kurse anbietet und Tauchausrüstung verleiht (Porto Santo Sub, Tel. 291 98 32 59 oder 916 03 39 97, www.portosantosub.com), und vor der Küste Porto Santos lockt ein versunkenes Wrack. Neben **Beach-Sportarten** wie Volleyball oder **Wassersport** wie Surfen, Kitesurfen, Sportfischen, Segeln, Rudern, Kanufahren, Stand Up Paddling (Angebote nur Juli, Aug., Sept.; Info: Clube Naval de Porto Santo, Tel. 291 98 20 85, oder On water Academy, Mobiltel. 964 83 85 35, www.onwateracademy.com) sind

---

> **Tipp**
>
> ### Fähre und Hotel
>
> Nur eine Handvoll Euro mehr als die reine Fährpassage kostet im günstigsten Fall eine Hotelübernachtung auf Madeiras Strandinsel – wenn man eines der Sonderangebote der Porto Santo Line ergattert. Das Fährschiffunternehmen bietet in Kooperation mit bestimmten Hotels auf Porto Santo immer wieder attraktive Pakete an.
>
> **INFORMATION**
> Tel. 291 21 03 00,
> www.portosantoline.pt

INFOS & EMPFEHLUNGEN

Jeepsafaris und Reitausflüge möglich (z. B. über Lazermar, Rua João Gonçalves Zarco 66, Tel. 291 98 36 16 oder 963 50 14 88, http://lazermar.com). Derselbe Veranstalter sowie einige Hotels vermieten auch **Elektro-Autos**, sog. Bubblecars (ca. 16 € pro Std. bzw. ca. 50 € pro Tag). **Bootstouren** werden u. a. von Porto Santo Sub am Jachthafen angeboten (s. o.), **Paragliden** organisiert das Int. Paragliding Center of Madeira in Arco de Calheta (Tel. 964 13 39 07, www.madeira-paragliding.com). Auf der kleinen Inselfaltkarte des Fremdenverkehrsamts sind drei **Wanderwege** eingezeichnet, die vor Ort auch ausgeschildert sind. Mit dem (Miet-)**Fahrrad** lässt sich fast alles erkunden – es gibt allerdings ein paar Steigungen (Radverleih Colombo, Av. Dr. Manuel Gregório Pestana Júnior, gegenüber Hotel Torre Praia, www. aacolombo.com; auch E-Bikes und Motorroller); zwischen Vila Baleira und der Ponta da Calheta verläuft ein Radweg.

RESTAURANTS
Hausgemachtes in vielen Varianten serviert € / € € **Munchies-Petisqueira** (Rua Joao Goncalves Zarco, Tel. 966 92 76 54); ein schlichtes Snacklokal, das im Sommer auch Wraps zum Mitnehmen bietet (nur Barzahlung!). Lokale Tapas zu einem Glas Rot- oder Weißwein aus heimischer Produktion gibt es in der modernen **Wine Bar 3 V's** (Rua Gregório Pestana 8, Tel. 917 85 67 98, nur Mai – Sept.), die zugleich als Laden fungiert. Manchmal bereitet der Koch auch Oktopus zu – oder ein kleines Soufflee auf der Basis von Traubenkern-Mehl.

HOTELS
Als Alternative zur direkten Strandunterkunft bietet sich das Boutique Hotel € € **Casa do Velho Dragoeiro** (Rua Gregorio Pestana 16 A, Tel. 91 63 44 13, www.casadovelhodragoeiro.com, 6 Zi.) an mit modern gestylten Gästezimmern und öffentlichem Restaurant. Die Anlage verfügt über Garten, Pool sowie eine Dachterrasse mit Meerblick. Zentral in der Stadt liegen die sechs Appartments der Villa Pitta (Rua Joao Goncalves Zarco 25, Tel. 965 10 46 18, villapitta@gmail.com).

UMGEBUNG
Etwa 2 km östlich von Vila Baleira hat man vom Aussichtspunkt von **Portela** eine schöne Sicht auf den Sandstrand der Insel. Oberhalb der Straße stehen drei Windmühlen – die letzten von einst fast zwei Dutzend.

INFORMATION
Posto de Turismo im Centro de Artesanato, Av. Dr. Manuel Gregório Pestana Júnior, 9400-171 Porto Santo, Tel. 291 98 52 44, www.visitportosanto.pt

❷ Campo do Baixo und der Westen

Im Westen schlägt das touristische Herz der Insel. Die schönsten Strände locken dort ebenso wie weitläufiges Golfgreen. Auch die größeren Hotels konzentrieren sich zwischen Campo do Baixo und der Ponta da Calheta.

SEHENSWERT
Hinter den Dünen, in der Nähe des Parkplatzes des Ribeiro-Cochino-Strands, steht die **Capela do Espirito Santo** (17. Jh.) mit Gemälden des flämischen Künstlers Van Cleve. Etwas weiter westlich entdeckt man die **Capela de São Pedro**, ursprünglich ebenfalls im Stil des Manierismus gebaut. Der **Pico de Ana Ferreira** mit seiner Säulenbasaltorgel und der **Cabeço das Flores** bieten großartige Blicke über die Insel – ebenso wie der Aussichtspunkt auf der **Ponta Calheta** und etwas weiter westlich der **Miradouro das Flores**. In der Nähe liegt die **Adega das Levadas**, ein Weinbetrieb mit Restaurant (Morenos, Tel. 291 98 27 21); am Picknickplatz **Morenos** sind heute wieder einige traditionelle Drachenbäume zu sehen. Etwas außerhalb von Campo de Cima überrascht nördlich des Aussichtspunktes Pedreira die **Quinta das Palmeiras**, ein kleiner botanischer Garten. Senhor Carlos Alfonso hat diese Oase in mehr als 15 Jahren dem kargen Boden Porto Santos abgerungen (Sítio dos Linhares; tgl. 10.00 – 13.00 und 15.00 – 18.00 Uhr).

VERANSTALTUNGEN
Eindrucksvoll ist das **São-Pedro-Fest** Ende Juni. Der Patron der Fischer und einheimischen Kirchen wird dabei mit einer Messe am Strand und einer Prozession geehrt.

AKTIVITÄTEN
Flacher Wasserzugang und ein kilometerlanger, breiter **Sandstrand** TOPZIEL machen das Baden auf Porto Santo zum echten Genuss. Nahezu 6,5 km Distanz und neun Gewässer umfasst der 18-Loch-Par-72-Parcours von **Porto Santo Golf**. Der von dem spanischen Champion Severiano Ballesteros entworfene Platz verfügt zudem über einen 9-Loch-Par-3-Kurs, Driving Range und Putting Green sowie Chipping Green mit Bunkern. Schlägersätze können gemietet werden, ein kleines Spa steht für die Spieler zur Verfügung. Das Clubhaus birgt ein modernes, exquisites Restaurant (Sítio da Lapeira, Ana Ferreira, Tel. 291 98 37 78, www.portosantogolfe.com). Pferdeliebhaber finden im **Centro Hipico** Reitmöglichkeiten (Sítio da Ponta, Tel. 291 98 32 58, http://hipicenter.tripod.com), wo es auch ein gemütliches Restaurant mit Blick auf die Innenmanege gibt. Für Freunde des **Tennissports** steht eine moderne Anlage zur Verfügung (Campo de Baixo, Tel. 291 98 25 84).

RESTAURANTS
Spektakulär am westlichsten Punkt der Insel gelegen serviert das € € **O Calhetas** (Ponte da Calheta, Tel. 291 98 53 22) vor allem Fischgerichte. Die Qualität ist allerdings schwankend. Konstant bodenständig portugiesisch wird im € / € € **Vila Alencastre** gekocht, dessen Innenhof mit vielen Pflanzen und rustikalem Holzmobiliar eine nette Atmosphäre bietet (ER 111, Campo de Baixo, gegenüber vom Hiper Zarco, Tel. 291 98 50 72).

HOTEL
Geräumig und in den Farben des Meeres gehalten sind die Zimmer des € € € **Pestana Porto Santo All Inclusive & Spa Beach Resort** direkt am Strand. Die Anlage verfügt über zwei große Schwimmbäder, außerdem über Kinderpool, Fitnesscenter, Tennisplatz und Spa (275 Zi.; ER 111, Estrada Regional 120, Sítio do Campo de Baixo, Tel. 291 14 40 00, www.pestana.com).

In Camacha kann man im Museo Cardina historische Mühlen bewundern, in Ponta da Calheta die prachtvolle Aussicht genießen.

Tipp

Willst du ein Lambecas?

An einem Sommerabend auf Porto Santo kann es durchaus sein, dass die Frage nach einem Lambeca viele nach dem Strandtag ins Hauptstädtchen Vila Baleira treibt und sich dort vor dem Laden von José dos Reis lange Warteschlangen bilden. Denn ohne Lambecas-Eis keine Inselferien! Schon seit einem halben Jahrhundert produziert das kleine Unternehmen die kalte, cremige Köstlichkeit. Sechzehn Sorten gibt es inzwischen; Zutaten und Herstellungsprozess sind nach wie vor ein gut gehütetes Geheimnis.

INFORMATION
Gelateria Lambecas, Rua Dr. Nuno Silvestre Vieira Teixeira, 9400-162 Vila Baleira

③ Camacha und die wilden Serras

Bei Camacha liegen die meisten Rebgärten Porto Santos. Knapp zwei Kilometer entfernt erstreckt sich die Nordküste mit ihren Klippenformationen. Hinter einer Handvoll Bergspitzen schließt sich östlich die wilde Landschaft der Serras an, karg, vulkanisch geprägt und fast menschenleer. In diesen Regionen bietet die Natur sich für einsame Wanderungen und ungestörte Badefreuden in kleinen, versteckten Buchten mit Kieselstrand oder Felsenpools an.

SEHENSWERT

An der Küste hinter Camacha liegt die **Fonte da Areia** (Sandquelle). Wind und Wetter haben die Sandsteinklippen zu einer bizarren Kulisse geformt. Im östlichen Teil von Porto Santo recken sich die beiden höchsten Erhebungen **Pico do Facho** (516 m) und **Pico do Castelo** (437 m); zu Letzterem führt auch eine Straße, und es gibt eine Panoramaterrasse sowie einen Picknickplatz. Entlang der Küste und im Inland auf den Serras faszinieren farbige Gesteinslandschaften. Vereinzelt finden sich noch Zeugnisse menschlichen Daseins: die **Casas de Salão,** traditionelle Bauernhäuser mit Trockenmauern und Lehmdächern, Ruinen alter Steinhäuser oder ein alter Dreschplatz. Eines der Bauernhäuser wurde restauriert und kann auf Anfrage besucht werden, Degustation und Verkauf typischer Produkte inklusive (Tel. 968 50 62 90, www.casadaserra-portosanto.com).

MUSEUM

Der Passion eines Herrn namens José Cardina verdankt Camacha sein kleines ethnografisches Museum. Fasziniert von den Artefakten aus der Vergangenheit von Porto Santo, begann Cardina, diese zu sammeln und überdies kunsthandwerkliche Modelle zu bauen. Das Museum selbst folgt dem achteckigen Grundriss der historischen Mühlen Porto Santos. Und so eine Mühle – fast in Originalgröße – bildet auch das Herzstück der Privatsammlung **Museo Cardina** (Estrada Domingos D'Ornelas; Do.–Sa. 10.30–12.30 und 14.30–18.30 Uhr, Mi. nur nachmittags).

AKTIVITÄTEN

Entlang des **Pico Branco**, der wegen seiner Vielfalt an Schnecken unter Schutz gestellt wurde, verläuft ein schöner **Wanderweg.** In Terra Chã, am Ende des Weges, gibt es eine kleine Hütte für alle, die gern eine Nacht auf dem Berg verbringen möchten. Die Wanderung vom Waldhaus am Anfang des Weges nach Terra Chã und zurück dauert ca. 1,5–2 Std.

HOTEL

Erbaut aus dunklen Basaltblöcken im Stil der traditionellen Trockenmauern, bietet die ländliche € € **Quinta do Serrado** (Sítio do Pedregal, Tel. 291 98 02 70, www.quintadoserrado.com) eine rustikale und gemütliche Alternative zu den üblichen Strandhotels. Das Restaurant des Hauses verwöhnt seine Gäste u.a. mit Zickleingerichten.

Genießen Erleben Erfahren

Sightseeing unter Wasser

Porto Santo ist ein Eldorado für Taucher: glasklares Wasser mit weiter Sicht, viele Fische – und für die Könner ein eigens versenktes Wrack. Die Insel verfügt über rund zwei Dutzend Tauchplätze. Getaucht wird in der Regel vom Boot aus. Schnuppertaucher beginnen im Hotelpool.

Dona Cecilia steht im Badeanzug am Rand des Salzwasserpools im neuen Pestana Beach Resort und strahlt, denn soeben wurde die über 70-Jährige von Joana „getauft": Mit Taucherbrille, Flossen, Schnorchel und Flasche ließ sich die alte Dame nach Anweisung der Tauchlehrerin unter die Wasseroberfläche gleiten. „Sie atmete ganz ruhig und regelmäßig, kam bestens mit der Ausrüstung zurecht", freut sich die Ausbilderin.

Den ganzen Sommer lang „taufen" Joana und ihr Mann José im Hotelpool an der Südküste von Porto Santo Tauchschüler. Die beiden betreiben im Jachthafen des Hauptstädtchens Vila Baleira seit 2001 das einzige Tauchcenter der Insel. „Für Anfänger bieten wir auch zweitägige Ferienkurse an", erzählt Joana, die – wie ihr Mann Zé – außer Portugiesisch auch Englisch und Französisch spricht. Für die „Taufe" genügen rund zwei Stunden. „Erst kommt der theoretische Teil, da erklären wir das Material und die Grundtechniken." Dann wird das Gelernte im Wasser umgesetzt.

Weitere Informationen

Tauchen kann man auf Porto Santo **das ganze Jahr über**; die großen Hotels – und somit deren Pools – schließen jedoch meist von November bis März.

Die Erfahrung hat gelehrt, dass junge Schnuppertaucher **mindestens 10 Jahre** alt sein sollten.

Der Kurs kostet **70 €**. Das gesamte Material wird gestellt.

Buchung über Porto Santo Sub im Jachthafen (Gebäude Clube Naval do Porto Santo, Tel. 291 98 32 59 oder 916 03 39 97, www.portosantosub.com

Wer die Kunst des Tauchens beherrscht, darf den Pool verlassen und erste Streifzüge in die lautlose Welt der Meerestiere – und Schiffswracks – wagen.

UNSERE FAVORITEN

Die herrlichsten Hotels

Übernachten mit dem gewissen Etwas

Lodge-Luxus am Berghang oder Pool-Erlebnis direkt an der Küste, Fünf-Sterne für mehr als hundert Zimmer oder intime Boutique-Hotels, elegante Themen-Unterkünfte oder rustikale Häuschen für Selbstversorger: Madeiras Unterkunftspalette bietet für jeden Geschmack und jedes Budget eine Fülle von Möglichkeiten.

1 Quinta da Casa Branca

Klein und fein versteckt sich dieses luxuriös-moderne Domizil in einem üppigen Garten, dessen Ursprünge in die Mitte des 19. Jahrhunderts zurückreichen, als die Vorgänger der heutigen Besitzer auf einem Areal von sechs Hektar vor den Toren Funchals Reben und Bananenstauden pflanzten. Hotelarchitekt João Favila Menezes ließ sich bei seiner Idee für das ab 1998 realisierte, heute 51 Zimmer umfassende Gästehaus von der Bauphilosophie Frank Lloyd Wrights inspirieren. In der historischen Quinta ist das Abend-Restaurant untergebracht.

Quinta da Casa Branca, Rua da Casa Branca 7, 9000-088 Funchal, Tel. 291 70 07 70, www.quintacasabranca.com

2 The Vine

Der katalanische Star-Architekt Ricardo Bofill zeichnete verantwortlich für die gläsernen Fassaden, die einheimische Designerin und Malerin Nini Andrade Silva sorgte für die Innenausstattung des Luxushotels, welches, so sein Bauherr, alle Sinne ansprechen soll. Bordeauxrote Teppiche, Wandanstriche und Sitzkissen in den öffentlichen Bereichen, vor allem aber das auf Vinotherapie spezialisierte Spa illustrieren das namengebende Weinthema. Die 79 Zimmer sind nach den vier Jahreszeiten gestaltet.

The Vine, Rua das Aranhas 27a, 9000-044 Funchal, Tel. 291 00 90 00, www.hotelthevine.com

3 Casas Faja dos Padres

Am schmalen, ursprünglich nur per Boot oder über einen steilen Klippenpfad zu erreichenden Kieselstrand von Faja dos Padres wurden nach und nach die wenigen dort (noch) erhaltenen historischen Bauten – angefangen vom Stall bis zum Materiallager der Fischer – restauriert und für Gäste adaptiert. Die neun unterschiedlich großen Casas für Selbstversorger inmitten von Reb- und Gemüsefeldern sind schlicht, aber ansprechend ausgestattet – und mittlerweile mit einem Panorama-Aufzug zu erreichen. Verpflegung wird auf Wunsch angeliefert.

Casas Faja dos Padres, Rua Padres António Dinis Henriques 1, 9300-288 Quinta Grande, Tel. 291 94 45 38, http://fajadospadres.com

UNSERE FAVORITEN
114 – 115

4 Estalagem Ponta da Sol

Außergewöhnlich ist nicht nur die Lage dieses „Gasthauses", wie sich das auf einer Klippe oberhalb des Atlantiks balancierende 54-Zimmer-Hotel bescheiden nennt. Es entstand als Design-Ensemble um eine kleine Quinta und bietet neben seinem Panorama-Restaurant und dem Infinity-Pool auch reichlich Kultur. Denn die Betreiber organisieren u. a. in Zusammenarbeit mit dem Konservatorium von Madeira zwischen Juli und Oktober die „Konzerte L"; bei denen sich an vierzehn Terminen portugiesische und internationale Klänge paaren.

Estalagem Ponta da Sol, Caminho do Passo 6, Quinta da Rochina, 9360-529 Ponta do Sol, Tel. 291 97 02 00, www.pontadosol.com

5 Atrio

Auf einem großzügigen Berggrundstück fern allen Trubels, umgeben von Gärten für Obst, Gemüse und Kräuter, die Eingang finden in das kulinarische Angebot, sowie einem von dem englischen Gartenspezialisten und Buchautor Gerald Luckhurst (u. a. tätig für das Reid's) angelegten subtropischen Areal, steht dieses moderne, von einem perfekt Deutsch sprechenden, französischen Paar geführte 22-Zimmer-Landhaus für aufmerksamsten Service, exzellente Speisen (auch für externe Gäste) und beste Wandermöglichkeiten.

Atrio, Lombo dos Moinhos Acima, 9370-217 Estreito da Calheta, Tel. 291 82 04 00, www.atrio-madeira.com

6 Aqua Natura Madeira

Meeresrauschen zum Einschlafen und Aufwachen und die von Wasser und Wind über die Jahrtausende geformten Lavapools direkt unter dem verglasten Balkon – im Hotel Aqua Natura Madeira ist der Name tatsächlich Programm. Auch das Farbkonzept der klar gestylten, lichtdurchfluteten gut zwei Dutzend Zimmer spiegelt die Facetten des Atlantiks: von tiefem Blau zu Schilfgrün und Gischtweiß. Das Mitte 2014 eröffnete Haus verfügt über ein kleines Wellnesszentrum mit Sauna und Massageeinrichtungen sowie über ein eigenes Tauchzentrum.

Aqua Natura Madeira, Rotunda Da Piscina 3, 9270-156 Porto Moniz, Tel. 291 64 01 00, www.aquanaturamadeira.com

7 Quinta do Furão

Spektakulär und ruhig auf dem Gramacho-Plateau gelegen, mit Panoramablick über Meer und Berge, punktet dieses auf zwei Gebäude verteilte 45-Zimmer-Hotel unter anderem auch mit seinem artenreichen Garten – und mit den Rebflächen rundum. Wer als Gast zum Zeitpunkt der Weinlese anwesend ist, kann dabei gerne mit Hand anlegen oder die Füße einsetzen. Denn die Trauben auf dem etwa zwei Kilometer nördlich von Santana gelegenen Quintagelände werden noch nach traditioneller Art verarbeitet.

Quinta do Furão, Estrada Quinta do Furão 6, Achada do Gramacho, 9230-082 Santana, Tel. 291 57 01 00, www.quintadofurao.com

Mit dem TAP-Airbus geht es täglich nach Madeira, vor Ort bewegt man sich am besten mit Mietwagen und Fähre von A nach B.

Service

Keine Reise ohne Planung. Auf den folgenden Seiten haben wir für Sie Wissenswertes und wichtige Informationen für Ihren Madeira-Urlaub zusammengestellt.

Anreise

Mit dem Flugzeug: Von Deutschland aus erreicht man Madeira am schnellsten per Flugzeug. Als Linien-Carrier bietet derzeit nur TAP-Air Portugal mehrmals täglich Verbindungen via Lissabon an. Bis Lissabon existieren aber auch Flüge anderer Liniengesellschaften wie z. B. Lufthansa. Von der portugiesischen Metropole fliegt auch SATA weiter nach Madeira. Chartergesellschaften (z. B. Air Berlin, Condor, Tuifly) steuern die Insel in der Regel ein- bis zweimal die Woche an; mitunter mit Zwischenstopp auf Teneriffa. Nach Porto Santo kommt man mit Flugzeugen von AeroVIP.
Madeiras Flughafen Santa Catarina liegt etwa 20 km östlich von Funchal bei Santa Cruz. Mit der Metropole verbinden ihn ein Shuttlebus (Aerobus, 5 Euro pro Strecke, Hin- und Rückfahrtticket 8,00 Euro, für TAP-Passagiere gratis) sowie vier normale Buslinien (ca. 2,85 Euro pro Strecke), die aber recht lange unterwegs sind.

Auskunft

Portugiesisches Fremdenverkehrsamt, Zimmerstr. 56, D-10117 Berlin, Tel. + 49 30 2 54 10 60, www.visitportugal.com
Portugiesisches Touristikzentrum, Opernring 1, Stiege R / 2. OG, A-1010 Wien, Tel. + 43 1 5 85 44 50, info@portugalglobal.at
Portugiesisches Touristikbüro, Zeltweg 15, CH-8032 Zürich, Tel. + 41 4 32 68 87 68, mail@zurique.dgaccp.pt
Regionales Fremdenverkehrsamt / Direcçao Regional de Turismo, Av. Arriaga 18, Funchal, Tel. + 351 291 21 19 00, www.visitmadeira.pt

Fremdenverkehrsbüro am Flughafen, Santa Catarina de Baixo, Ankunftshalle, Tel. + 351 291 52 49 33 (tgl. 9.00 – 21.30 Uhr)

Autofahren

Dank reichlich geflossener EU-Gelder wurde Madeiras Straßennetz in den vergangenen Jahren zügig modernisiert und ausgebaut.
Schnellstraßen (Via Rapida, Via Espresso) verbinden inzwischen fast alle der östlichsten Siedlungen mit jenen im Westen der Insel sowie den Süden auf kürzestem Weg mit dem Norden. Dutzende von Tunnels wurden in den Fels gesprengt und tiefe Täler mit Brücken überspannt. Sowohl auf den modernen Trassen als auch auf den alten Verbindungen kann es witterungsbedingt immer wieder zu **Steinschlag oder kleineren Erdrutschen** kommen; die Hindernisse sind aufgrund der kurvigen Wegführung oft erst spät erkennbar. Man sollte also vorsichtig fahren.
Auf den Schnellstraßen darf man maximal **100 km/h** fahren, ansonsten außerhalb von Ortschaften **90 km/h**, in Städten **50 km/h.** Madeirer nehmen das aber nicht so genau, ebenso wenig wie Gurtpflicht und **Promillegrenze** (0,5). **Warnwesten** sind auch auf Madeira und Porto Santo Pflicht, Parkplätze in der Hauptstadt Funchal rar und teuer. Auch Porto Santo hat sein Straßennetz ausgebaut; die wichtigsten Orte sind auf asphaltierten Verbindungen zu erreichen.
Tankstellen gibt es in und um Funchal viele; im Inselinnern sind sie nicht so dicht gesät. Man findet u. a. jeweils eine in Estreito do Calheta, in Ribeira Brava und in Porto Moniz. Bleifreies Benzin ist in zwei Versionen erhältlich.

Essen & Trinken

Madeira gilt nicht unbedingt als Schlemmerdestination, auch wenn der gleichnamige Wein die Atlantikinsel in aller Welt bekannt gemacht hat. Einfache, deftige Bauernküche prägt den Alltag; der britische Einfluss ist ebenfalls spürbar. Inzwischen versuchen immer mehr jüngere Köche, die Fülle der verfügbaren Ressourcen für ein zeitgenössisches kulinarisches Angebot zu nutzen oder die Klassiker modern zu variieren. Meist geschieht dies im Rahmen der Luxushotellerie, aber es gibt auch individuelle Ansätze. Man findet sogar Themenrestaurants und inzwischen auch ein erstes Sternelokal.

Feste und Feiertage

Feste und Festivals
Karneval (Februar, Funchal)
Blumenfest (April, Funchal)
Atlantik-Festival (Juni, Funchal)
48 Horas de Bailar (Juli, Santana)
Nossa Senhora de Monte, Marienwallfahrt (August, Monte)
Silvester (Dezember, Funchal)
Feiertage
1. Januar, Karfreitag, 25. April (Jahrestag der Nelkenrevolution von 1974), 1. Mai, 10. Juni (Nationalfeiertag), Fronleichnam, 1. Juli (Madeira-Tag), 15. August (Mariä Himmelfahrt),

SERVICE
116 – 117

Hier wird Schwarzer Degenfisch vor der Kathedrale in Funchal serviert.

21. August (Feiertag der Stadt Funchal), 5. Oktober (Tag der Republik), 1. November (Allerheiligen), 1. Dezember (Tag der Unabhängigkeit von Spanien 1640), 8. Dezember (Unbefleckte Empfängnis), 25. Dezember. Zudem gibt es eine Reihe lokaler Feiertage.

Geld

Zahlungsmittel auf dem zum EU-Land Portugal gehörenden Archipel Madeira ist der Euro. Geldautomaten findet man inzwischen beinahe in jedem Dorf, in der Regel ist die Summe pro Abhebung jedoch auf 200 Euro begrenzt. Kreditkarten werden mittlerweile nicht nur in großen Hotels, sondern auch in vielen Restaurants akzeptiert, vor allem in der Hauptstadt. Supermärkte und größere Geschäfte akzeptieren ebenfalls bargeldlose Zahlungsmittel, ob EC- oder Kreditkarte.

Hotels

Adressen siehe Infoseiten. Üblicherweise ist das Frühstück – in Hotels meist in Form eines Buffets, in Pensionen in der Regel als Kontinentalfrühstück – im Hotelpreis enthalten. Als interessante Alternative zur Hotellerie, deren Palette vor allem in der Hauptstadt Funchal von Luxusherbergen bis zu einfachen Stadthäusern (residencial) bzw. Pensionen reicht, umfasst das Angebot zunehmend kleinere Unterkünfte in historischen Landsitzen sowie private Apartments, Wohnungen oder Ferienhäuser. Ihre Ausstattung rangiert von schlicht bis Design; sowohl portugiesischer als auch englischer Stil sind weit verbreitet. Das gilt auch für Porto Santo.
Für Campingfreunde gibt es je einen Platz auf Madeira und auf Porto Santo.

Preiskategorien

€€€€	Doppelzimmer	über 200 €
€€€	Doppelzimmer	150–200 €
€€	Doppelzimmer	100–150 €
€	Doppelzimmer	50–100 €

Kinder

Interessant und attraktiv auch für Kinder sind u. a. das neue **Spielzeugmuseum** Museu do Brinquedo (Rua Latino Coelho 39, www.armazemdomercado.com), der **Vogelpark** im Botanischen Garten, die **Seilbahnfahrt** nach Monte bzw. zum Botanischen Garten und der Besuch der **Vulkanhöhlen** von São Vicente. Auch Bademöglichkeiten gibt es inzwischen reichlich: In der Inselhauptstadt tummeln sich Familien gern in der **Lido-Badeanlage** (Rua do Gorgulho; im Sommer tgl. 8.30–19.00 Uhr).

Die **Praia das Palmeiras** in Santa Cruz hat sich mit Meerwasserbassin, Pontoninseln und Comicfiguren auf Kinder eingestellt; zudem gibt es dort einen neuen **Aquaparque** mit Rutschbahnen und anderen spannenden Attraktionen (www.aquaparque.com; tgl. 10.00 bis 18.00 Uhr). An der Nordküste sind die herrlichen **Lavapools** von Porto Moniz ebenso für Familien geeignet wie die **Strände** von Seixal und Porto da Cruz.
Kilometerlangen goldenen Strand finden Groß und Klein auf Porto Santo. Selbst die Fahrt mit der Fähre auf die Nachbarinsel oder der Flug dorthin im Propellermaschinchen ist für Kids schon ein Abenteuer.
Mit strahlenden Augen steht der Nachwuchs meist auch vor der „**Santa Maria**", dem in Funchals Hafen ankernden Nachbau eines der Kolumbusschiffe (www.madeirapirateboat.com). Alles über die Erzeugung von Elektrizität und ihre Anwendung erfahren Kinder im Museu de Electricidade **Casa da Luz**, dem historischen Elektrizitätswerk Funchals. Sie können dort sogar selbst Strom erzeugen (Rua da Casa da Luz 2; Di.–Sa 10.00–12.30 und 14.00–18.00 Uhr).
Wer mit seinen Sprösslingen einen Ausflug in die Bergwelt Madeiras plant, kann unterwegs in der **Quinta Pedagógica** in Prazeres Strauße oder Esel bestaunen.

Daten & Fakten
Info

Landschaft: Madeira bildet mit der Nachbarinsel Porto Santo sowie den beiden unbewohnten kleineren Inselgruppen Ilhas Desertas und Ilhas Selvagens den Archipel Madeira.
Der durch vulkanische Eruptionen entstandene Archipel besteht aus einem mächtigen Gebirgsmassiv, von dem nur ein verschwindend kleiner Teil über die Meeresoberfläche hinausragt. Das Innere der langgestreckten Hauptinsel wird durch tiefe grüne Schluchten und Täler sowie die raue Hochebene Paúl da Serra charakterisiert. Eine Vielzahl kleinerer Wasserläufe entspringt im gebirgigen Herzen Madeiras. Zu Füßen der beiden höchsten Gipfel erstreckt sich noch ein Rest des Lorbeerwaldes, der die Insel ursprünglich vollständig überzog.
Die Küsten sind steil, die ohne Unterlass heranrollende Brandung des Atlantiks und jahrtausendealte Windkräfte meißelten im Lauf der Zeit ihr Profil. Von Menschenhand wurden sie teilweise für landwirtschaftliche Zwecke terrassiert, im Süden zeigen sie sich weitaus dichter besiedelt als im schrofferen Norden. Die wenigen Buchten werden von schmalen Steinstränden gesäumt. An der Nordküste schwappt das Meer in natürliche Lavabecken.
Die ganze Insel durchziehen historische Wasserkanäle (*levadas*).

Madeiras kleine Schwester Porto Santo stülpt sich als flacher Riegel mit kleinen kegelförmigen Erhebungen aus dem Meer. Die Nordküste fällt steil und schroff ab, an der Südküste erstreckt sich fast über die gesamte Länge ein feinsandiger Strand. Porto Santo ist sehr trocken und fast kahl.
Region: Autonome Region Madeira
Gesamtfläche: ca. 8000 km², davon 45 km² Porto Santo, ca. 14 km² Desertas und etwa 2,8 km² Selvagens
Einwohner: 267 785 (Madeira, Nov. 2012), 5483 (Porto Santo)
Sprache: Portugiesisch
Höchste Erhebungen: Pico Ruivo auf Madeira (1862 m) und Pico do Facho auf Porto Santo (517 m)
Hauptstädte: Funchal (112 015 Einw., Madeira), Vila Baleira (2500 Einw., Porto Santo)
Wirtschaft: Bis in die 1970er-Jahre zählte Madeira zu den ärmsten Regionen Europas. Inzwischen hat man auf der Insel enorm aufgeholt, sogar im Vergleich mit dem Mutterland. Haupteinnahmequelle ist der Tourismus, zweites wirtschaftliches Standbein das „International Business Center" (IBC), über das mit Steuervergünstigungen etliche neue Unternehmen angesiedelt wurden. Weitere wichtige Wirtschaftsfaktoren sind das Bauwesen und die Landwirtschaft.

Nach dem Golfclub von Porto Santo lockt die „Santa Maria" im Hafen von Funchal.

Sportbegeisterte kommen in Madeira voll auf ihre Kosten – ob man nun Mountainbike fahren oder Surfen möchte!

Geschichte

1351: Unter der italienischen Bezeichnung Isola di Legname – „Holzinsel" – erscheint Madeira erstmals auf einer Seekarte.
1418: Die portugiesischen Seefahrer João Gonçalves Zarco und Tristão Vaz Teixeira landen auf Porto Santo.
1419: Wie auf Porto Santo errichten Zarco und Teixeira auch auf Madeira einen portugiesischen Stützpunkt.
Ab 1425: Zarco und Teixeira verteilen das ihnen als Lehen zugefallene Land im Atlantik an Freunde und Verwandte. Mithilfe von Sklaven beginnen diese, Zuckerrohr anzubauen.
Um 1440: lässt Heinrich der Seefahrer die ersten Malvasier-Reben aus Kreta nach Madeira bringen.
1580–1640: Nach dem Tod König Sebastiãos kommt Portugal zu Spanien und gerät damit in den spanisch-englischen Konflikt.
1703: Im Methuen-Vertrag schreiben Portugal und England ihre Handelsbeziehungen fest. Der Weinhandel auf Madeira gerät komplett unter englische Kontrolle.
1807–1814: Als Reaktion auf die französische Besetzung Portugals während der Napoleonischen Kriege stationiert England 2000 seiner Soldaten auf Madeira.
1840: Die beiden ersten Hotels in Funchal öffnen ihre Pforten.
Ab 1850: Österreichs Kaiserin Sisi zählt zu den ersten prominenten Gästen der Insel.
1916/17: Jeweils im Dezember bombardieren deutsche U-Boote die Stadt Funchal.
1931: Auf Madeira bricht die sogenannte Hungerrevolte aus, nachdem Großgrundbesitzer das Monopol auf Mehl erhalten haben. Das Militär schlägt den Aufstand nieder.
1960: Eröffnung des Flughafens von Porto Santo.
1964: Madeira erhält einen Flughafen.
1974/75: Mit der Nelkenrevolution endet die Diktatur in Portugal.
1986: Portugal tritt der EU bei.
1995: Mit dem Schengener Abkommen entfallen Passkontrollen innerhalb der EU.
2000: Abschluss der Flughafenerweiterung auf Madeira; erste Abschnitte des Schnellstraßennetzes sind ebenfalls fertig.
2007: Der Inselpräsident Alberto João Jardim tritt aus Protest gegen das neue Regionen-Finanzgesetz der Regierung Socrates zurück.
2008: Bei vorgezogenen Neuwahlen wird Jardim erneut mit seiner Partei, der PSD, als Inselpräsident bestätigt.
2009: Auf dem Pico do Arieiro beginnt der Bau einer umstrittenen NATO-Radarstation.
2010: Ein verheerendes Unwetter fordert 42 Menschenleben und zerstört viele Bauwerke.
2012/13: Als publik wird, dass der 2011 erneut gewählte Jardim seit 2004 bewusst falsche Angaben zu den Schulden Madeiras gemacht hat, schwindet seine Macht.
2015: Im Januar tritt Alberto João Jardim als Präsident der Partido Social Democrata (PSD) zurück. Sein Nachfolger, der bisherige Bürgermeister von Funchal, Miguel Albuquerque, gewinnt auch bei den Regionalwahlen am 29. März die Mehrheit der Stimmen. Damit steht erneut ein PSD-Politiker an der Spitze der Inselregierung.

Literatur

Baedeker Allianz Reiseführer Madeira (Ostfildern, 11. Aufl. 2016): Alles rund um Kultur, Geschichte, Sehenswürdigkeiten und Natur sowie viel zu Themen wie Genuss und Aktivitäten. Gutes Kartenmaterial.
Rita Henss, **Blütenwolken, Wein und ewig Frühling – Vulkantochter Madeira** (Picus Verlag Wien, 2007): Geschichten, Reportagen, Porträts – über Menschen wie den Pfarrer, der einen Zoo betreibt, und Themen wie Emigration, Krippenkunst, kulinarische Spezialitäten.
Joyce Summer. **Mord auf der Levada**. In ihrem ersten Krimi lässt die Hamburgerin eine junge Cafébesitzerin aus ihrer Heimatstadt eintauchen in eine madeiranische Verbrechensgeschichte, die zurückreicht bis in die Zeit des letzten österreichischen Kaisers (CreateSpace Independent Publishing Plattform, 2015).
Harald Pittracher, **Wandern auf Madeira** (DuMont Reiseverlag Ostfildern, 7. aktualisierte Auflage 2012): Vorgestellt werden 35 Touren (zwei davon auf Porto Santo) mit exakten Karten und Höhenprofilen. Der Schwierigkeitsgrad reicht vom einfachen dreiviertelstündigen Gang von Rabaçal zum Risco-Wasserfall bis hin zur anspruchsvollen Wanderung zwischen Caniçal-Tunnel und Porto da Cruz.

Notruf

Ambulanz: 112
Bergrettung: 291 70 01 12
Meeresnotruf: 291 23 01 12 (SANAS)
Pannenhilfe: 800 29 02 90

Öffentlicher Verkehr

Madeiras Busnetz ist weit verzweigt. Verschiedene Kompanien teilen sich die Regionen und bedienen dort nahezu jeden Ort. Die Preise sind (noch) recht günstig. Zur Erkundung von Funchal und der näheren Umgebung empfiehlt sich ein **Tagesticket** oder ein Mehrtages- bzw. Wochenpass. Alle Ticketarten können am günstigsten an den Kiosken der jeweiligen Busgesellschaften erworben werden; im Bus selbst sind die Fahrscheine stets deutlich teurer.
In Funchal dreht wochentags (8.00–20.00, Sa. 8.00–18.00 Uhr) ein kleiner **Elektrobus** (Linha Eco) seine Runden, inzwischen sogar bis ins Hotelviertel (Ticket beim Fahrer 50 Cent, am Schalter des Busunternehmens 30 Cent). Es gibt auch Nachtbusse. Die meisten Busstationen liegen im Hafen von Funchal.

Reisedokumente

EU-Bürgern genügt der Personalausweis oder Reisepass für einen Aufenthalt bis zu 90 Tagen. Kinder benötigen einen Kinderreisepass oder Kinderausweis; Kindereinträge im Reisepass eines Elternteils sind seit Mitte 2012 nicht

SERVICE

Reisedaten

Flug von Deutschland: zum Beispiel Berlin – Funchal ab 160 Euro
Inlandsverkehr: Die Kosten für die Busfahrt Funchal – Ponta do Pargo liegen bei 4,80 Euro.
Mietwagen: ab 30 Euro pro Tag, zuzügl. 13 % Steuer, unbegrenzte Kilometer.
Leihwagenkunden müssen mindestens 21 Jahre alt sein.
Benzin: 1 Liter Super 95 ca. 1,52 Euro (Stand 2015)
Hotel: DZ / Frühstück Luxus ab 120 Euro / Pers., Mittelklasse ab 45 Euro / Pers.
Gästehaus / Apartment: ab 300 Euro / Woche
Menü: Tagesgericht inklusive Suppe ab 8 Euro, Dessert ab 2 Euro
Einfaches Essen: Hauptgericht ab 6,50 Euro
Ortszeit: GMT (mittlere Greenwich-Zeit, wie in England, also eine Stunde früher als in Deutschland/Österreich/der Schweiz)

mehr gültig. Wer mit dem eigenen Auto unterwegs ist, braucht eine grüne Versicherungskarte, einen Internationalen Führerschein und den Fahrzeugschein.

Reisezeit

Madeira trägt den Beinamen „Insel des ewigen Frühlings", und tatsächlich unterscheiden sich die Temperaturen zwischen März und Oktober wenig. Ab Spätherbst muss man jedoch verstärkt mit Regen und Sturm rechnen; mit unter 10 Grad kann es zudem recht kalt werden.

Restaurants

Adressen siehe Infoseiten. Die Einheimischen nehmen ihre Hauptmahlzeit meistens mittags ein; am Sonntag erstreckt sich das Mittagessen im Kreis der Familie bis weit in den Nachmittag hinein. Obwohl der Service bereits im Rech-

Preiskategorien

€€€€	Hauptspeisen	über 20 €
€€€	Hauptspeisen	15–20 €
€€	Hauptspeisen	10–15 €
€	Hauptspeisen	5–10 €

nungsbetrag enthalten ist, erwartet man von Touristen ein zusätzliches Trinkgeld in Höhe von 5–10 Prozent des Rechnungsbetrags.

Sport

So klein der Archipel auch sein mag – seine natürliche Beschaffenheit ermöglicht eine ganze Palette sportlicher Betätigungen.
Wandern: Madeira ist in erster Linie eine Wanderinsel – ganz gleich, ob es genüsslich an einer der vielen Levadas entlanggeht oder schweißtreibend zu den Berggipfeln hinauf. Für jede Kondition wird etwas geboten. Allerdings sollte man stets auf festes Schuhwerk achten und plötzliche Wetterumschwünge einkalkulieren, d. h. Pullover und Regenschutz gehören ebenso in den Rucksack wie ausreichend Trinkwasser und Sonnencreme. Wer keine Pauschaltouren buchen will, sollte genauestens die Busfahrpläne studieren bzw. die An- und Abfahrt mit zwei (Miet-)Autos organisieren oder eine Verabredung mit einem Taxifahrer zur Abholung an einem bestimmten Punkt treffen. In den letzten Jahren hat Madeira mit EU-Mitteln ein umfangreiches Netz von offiziellen Wanderwegen geschaffen. Sie werden als PR (*Pequenas Rotas*) bezeichnet, sind mit Holztafeln beschildert und nummeriert: auf Madeira von PR1 bis PR23, auf Porto Santo von PR1 bis PR3.
Drachenfliegen: Aus der Vogelperspektive betrachtet, wirkt die Blüten- und Vulkaninsel besonders eindrucksvoll. Allerdings gibt es aufgrund der Topografie Madeiras nur wenige Start- und Landepunkte; immerhin einige Dutzend wurden inzwischen eingerichtet. Die wichtigste Basis liegt oberhalb der Südküste bei Arco de Calheta.
Surfen / Wellenreiten: Für versierte Surfer und Wellenreiter ist Madeira eine beliebte Adresse; vor allem die Gewässer an den drei Stränden von Jardim do Mar sind eine echte Herausforderung. Auch die Küste vor Paúl do Mar und Ponta do Sol zieht immer wieder Surfer und Wellenreiter an. Weitere interessante Spots liegen an der Nordküste, z. B. Ribeira da Janela (bei Porto Moniz), Fajã das Contreiras (bei Seixal), Fajã do Areia (bei São Vicente), Ponta Delgada, Faial, Porto da Cruz sowie vor Machico.
Tauchen: Die Unterwasserwelt von Madeira und Porto Santo besticht mit Lavaformationen und einer Fülle exotischer Fischarten. Tauchbasen liegen vorwiegend an der Süd- bzw. Südostküste des Archipels.
Hochseeangeln: Vom Jachthafen der Hauptstadt aus, aber auch an der Rezeption großer Hotels kann man Bootsausflüge zum Big Game Fishing buchen.
Golf: Madeira verfügt bislang über zwei landschaftlich reizvoll Greens – jenes von Santo da Serra (27 Loch) und jenes des Palheiro Golf (18 Loch), nordöstlich von Funchal. Der Golfplatz auf Porto Santo wurde von Ballesteros entworfen.
Radfahren: Mutige Mountainbiker kommen auf Waldwegen, Bergpfaden, alten Pflastersträßchen oder längs der (mit Wandergruppen zu teilenden!) Levadas durchaus auf ihre Kosten. Auf „normalen" Verkehrswegen ist höchste Vorsicht geboten; Madeirer sind Radfahrer nicht gewohnt, es gibt auch keine speziellen Regeln im Umgang mit ihnen oder separate Trassen für sie. Flache Passagen für Pedaleure gibt es auf Madeira kaum; Strecken mit einer Steigung von über 10 Prozent sind an der Tagesordnung, häufig geht es mit kurvenreichen 15 Prozent und mehr bergauf und bergab.
Laufsport: 2013 wurde erstmals ein Marathon auf Madeira ausgetragen; bei der 5. Auflage des Madeira Island Ultra Trail (MIUT) boten die

Eine der schönsten Wanderungen auf Madeira führt vom Pico do Arieiro (1818 m) zum Pico Ruivo.

SERVICE

Tipp

Elektrisch unterwegs

„Citybubbles" heißen die kleinen, wie eine Blase gerundeten Elektroautos, die sowohl in Funchal als auch auf Porto Santo gemietet werden können – wahlweise für eine Stunde oder auch den ganzen Tag. Allerdings ist die Reichweite der kleinen Zweier-Flitzer – sie erreichen immerhin 90 km/h – auf 100 Kilometer beschränkt.

INFORMATION
Info Citybubbles, Estrada Monumental, Edifício Atlântida 185, Touristik Galery, Funchal,
Tel. 291 78 28 55 oder mobil 916 55 88 05, www.citybubbles.pt

Veranstalter auch einen Lauf über 42,195 km an. Auf der Strecke vom Start am Pico do Arieiro bis zum Ziel waren insgesamt 900 Höhenmeter zu bewältigen. Für Einsteiger gibt es nach wie vor einen Trail über 20 km. Königsdisziplin ist der UT 115 mit 115 Streckenkilometern und 6600 Höhenmetern, beim UT 85 sind 85 km und 4000 Höhenmeter zu bewältigen. Jeweils im Mai wird auf der Schwesterinsel der Porto Santo Trail ausgetragen – mit Marathon-, Halbmarathon und 7,5 km-Distanz (www.portosantomarathon.com).
Reiten: Auf Madeira und auch auf Porto Santo findet man Reitställe für Anfänger und Fortgeschrittene.

Telefon

Ländervorwahlen: Madeira / Portugal 00351; Deutschland 0049, Österreich 0043, Schweiz 0041. Bei Telefonaten (Festnetz) innerhalb der Insel bzw. zur Nachbarinsel Porto Santo immer die lokale Vorwahl 291 mitwählen.
Es gibt fast nur noch **Kartentelefone** auf Madeira und Porto Santo; Telefonkarten (*cartão*) sind bei der Post (*correo*), an Zeitungs- und Tabakkiosken sowie mitunter in Kramerläden erhältlich. Mobiltelefone funktionieren überall; es gibt mehrere Gesellschaften. Seit die EU die **Roaming-Kosten** innerhalb Europas gedeckelt hat (selbst getätigte Anrufe dürfen seit Juli 2013 inkl. Mehrwertsteuer höchstens 29 Cent/Min. kosten, eingehende Anrufe 8 Cent/Min., SMS 11 Cent) muss man nicht mehr unbedingt auf einheimische Prepaid-Karten zurückgreifen.

Info

Wetterdaten

	TAGES-TEMP. MAX.	NACHT-TEMP. MIN.	WASSER-TEMP.	TAGE MIT NIEDER-SCHLAG	SONNEN-STUNDEN PRO TAG
Januar	19°	13°	18°	8	5
Februar	19°	13°	17°	9	5
März	20°	13°	17°	7	6
April	20°	13°	17°	5	6
Mai	21°	15°	18°	3	7
Juni	22°	17°	20°	2	5
Juli	24°	18°	21°	0	7
August	26°	19°	22°	1	8
September	26°	18°	23°	3	7
Oktober	24°	18°	22°	6	6
November	22°	16°	20°	8	5
Dezember	20°	14°	19°	9	5

Das fröhlichste Fest Madeiras, die Festa da Flor, verwandelt die Insel im April in ein ausgelassenes Farbenmeer

Register

Fette Ziffern verweisen auf Abbildungen

25 Fontes **42–43, 48,** 59

A
Achadas da Cruz 77
Arco da Calheta 60

B
Boaventura 78

C
Calheta **46–47,** 47, 49, 54, **57,** 60
Camacha (auf Madeira) 93, **112,** 113
Câmara de Lobos **30–31,** 37, 41, 55, **88**
Campo do Baixo 112
Caniçal **82, 83,** 83, **94,** 95
Casa do Colmo (Strohhaus) **66–67,** 67, 79

E
Encumeada-Pass 45, **48,** 51, 57

F
Faial 79
Fajã da Ovelha **18–19,** 61
Funchal **12–13, 22–41,** 22–41
   Blumenfest (Festa da Flor) 16–17, 26, 40, 116
   Botanischer Garten (Jardim Botânico) **20,** 20, 27, **39,** 40
   Casino 34, 37, 40
   Designhotel The Vine **34–35,** 114
   Golden Gate Grand Café **25,** 39
   Igreja do Colégio, Kirche **12–13,** 39
   Jardim Municipal **21,** 21
   Jardim Quinta da Palmeira 20
   Markt der Bauern (Mercado dos Lavradores) **28–29,** 39
   Parque de Santa Catarina 21, **24,** 39
   Quinta da Boa Vista 21
   Quinta do Palheiro Ferreiro **21,** 20
   Quinta Vigia (ehem. Quinta das Augústias) 40
   Reid's Palace Hotel **27,** 29, 40
   Weinfestival 26
   Zuckermuseum (Núcleo Museológico da Cidade do Açúcar) 34

I
Ilhéu de Baixo **105**

J
Jardim do Imperador (Monde) **21,** 21, 41
Jardim do Mar 45, **60,** 61
Jardim Rosa Quinta do Arco 21, 78
Jardim Tropical Monte Palace (Monte) **20,** 20, 41

L
Levadas **8–9, 42–43, 48, 49,** 51, 78, 94
Lombada (Stadtteil von Ponta do Sol) **10–11,** 61
Lombos 60
Lorbeerwald (Laurisilva) 43, **69,** 69, 78

M
Machico 83, 94
Mirador de Balcoes **84**
Monte 25, 27, 35, 40

N/O
Nationalpark Meeressäugetiere **56,** 56
Naturpark Madeira 59, 69
Ostkap (Ponta de São Lourenço) 7, 47, **80–81, 82–83, 94, 95,** 95

P
Paúl da Serra 51, **59,** 59, **74, 75,** 75, 78, 85
Paúl do Mar **18–19, 44, 46,** 61
Pico do Arieiro 56, 75
Pico Ruivo siehe Rothaar-Spitze
Ponta da Calheta **105, 112**
Ponta Delgada 69, **70–71,** 71, **78,** 78
Ponta de São Lourenço siehe Ostkap
Ponta do Pargo **68, 77,** 77
Ponta do Sol **10–11,** 45, 47, **52–53,** 59, **60,** 60
Portela 94
Porto da Cruz **68–69,** 79
Porto Moniz 7, 47, **68,** 71, **77,** 77
Porto Santo **14–15,** 27, 29, 75, 95, **96–97, 98, 99,** 99, 101, 103, **104–105,** 105, 107, 111, 113
Prazeres 61

Q
Quinta **10–11, 20, 21,** 21, 27, 39, 40, 45, 61, 93, 94, 95, 112
Quinta da Lord 95
Quinta das Cruzes 39, 40
Quinta das Palmeiras 112
Quinta de João Esmeraldo **10–11**
Quinta do Roverodo 93
Quinta do Santo da Serra 94
Quinta do Serrado 113
Quinta Pedagógica 45, 61
Quinta Splendida 27

R
Ribeira Brava **44–45,** 45, 47, 49, 51, 59
Ribeiro Frio **84,** 93
Rothaar-Spitze (Pico Ruivo) **51,** 51, **64, 119**

S
Santa Cruz 85, **86–87,** 93

„Santa Maria" (Schiffsnachbau) **41,** 41
Santana **64, 66–67,** 67, 71, 78
Santo Antonio da Serra 94
Santo da Serra 85, 94
São Jorge 78
São Vicente 69, 78

Seixal 78
Serra de Água **48, 49, 50,** 51
Serra de Dentro **106**
Strohhaus siehe Casa do Colmo

V
Vila Baleira **98, 100,** 101, 103, 111

Impressum

3. Auflage 2016
© DuMont Reiseverlag, Ostfildern

Verlag: DuMont Reiseverlag, Postfach 3151, 73751 Ostfildern, Tel. 0711/45 02-0, Fax 0711/45 02-135, www.dumontreise.de
Geschäftsführer: Dr. Thomas Brinkmann, Dr. Stephanie Mair-Huydts
Programmleitung: Birgit Borowski
Redaktion: Birgit Gläser, Frank Müller, Anja Schlatterer (red.sign Stuttgart)
Text: Rita Henss
Exklusiv-Fotografie: Holger Leue, Haunetal
Titelbild: laif/Joanna Nottebrock (Strelitzien)
Zusätzliches Bildmaterial: S. 4 l. LOOK-foto/Jan Greune, S. 4 r. u. mauritius images/age, S. 5 u. iStockphoto/StockPhotosArt, S. 8/9 laif/hemis.fr/Franck Guiziou, S. 10/11 LOOK-foto/Franz Marc Frei, S. 12/13 mauritius images/Michael Runkel, S. 16/17 dpa Picture-Alliance/dpa, S. 20 o. Shutterstock/Nearbirds, S. 20 u. l. Bildagentur Huber/Gräfenhain, S. 20 u. r. mauritius images/Alamy, S. 21 o. l. LOOK-foto/Travel Collection, S. 21 u. l. Bildagentur Huber/Gräfenhain, S. 21 u. r. mauritius images/Garden World Images, S. 22/23 LOOK-foto/Franz Marc Frei, S. 24 u. LOOK-foto/Holger Leue, S. 24/25 LOOK-foto/age fotostock, S. 32 mauritius images/Ronald Wittek, S. 34/35 u. laif/hemis.fr/John Frumm, S. 36 laif/XINHUA/Chen Haitong, S. 37 o. LOOK-foto/age fotostock, S. 37 u. LOOK-foto/Holger Leue, S. 40 und 41 u. Nau Santa Maria de Colombo, S. 41 o. iStockphoto/StockPhotosArt, S. 55 r. o. mauritius images/Alamy, S. 60 u. Horst Keppler, S. 61 Bildagentur Huber/Gräfenhain, S. 66 u. LOOK-foto/Holger Leue, S. 66/67 LOOK-foto/Thomas Peter Widmann, S. 75 l. picture-alliance/United Archives, S. 75 r. mauritius images/Alamy, S. 77 l. mauritius images/imageBROKER/Martin Moxter, S. 79 o. iStockphoto/Laborer, S. 79 u. mauritius images/Doug Scott, S. 84 o. mauritius images/imagebroker/Katja Kreder, S. 90 mauritius images/age, S. 91 LOOK-foto/Holger Leue, S. 94 l., S. 95 und S. 96/97 LOOK-foto/Jan Greune, S. 108 l. und r. u. mauritius images/Alamy, S. 108 r. o. Shutterstock/Nearbirds, S. 109 l. o. mauritius images/John Warburton-Lee, S. 109 l. u. Bildagentur Huber/Gräfenhain, S. 109 r. laif/hemis.fr/Franck Guiziou, S. 112 u. Bildagentur Huber/Fantuz Olimpio, S. 113 Detlef Charné, S. 114 l. laif/Günter Standl, S. 114 r. mauritius images/Alamy, S. 115 l. o. Aqua Natura Madeira, S. 115 l. u. Atrio Madeira, S. 115 r. laif/Michael Amme, S. 117 Bildagentur Huber/Debelkova, S. 118 l. u. Nau Santa Maria de Colombo, S. 118 r. LOOK-foto/Jan Greune
Grafische Konzeption, Art Direktion: fpm factor product münchen
Cover Gestaltung: Neue Gestaltung, Berlin
Layout: CYCLUS · Visuelle Kommunikation, Stuttgart
Kartografie: © MAIRDUMONT GmbH & Co. KG, Ostfildern
Kartografie Lawall (Karten für „Unsere Favoriten")
DuMont Bildarchiv: Marco-Polo-Straße 1, 73760 Ostfildern, Tel. 0711/45 02-266, Fax 0711/45 02-1006, bildarchiv@mairdumont.com

Für die Richtigkeit der in diesem DuMont Bildatlas angegebenen Daten – Adressen, Öffnungszeiten, Telefonnummern usw. – kann der Verlag keine Garantie übernehmen. Nachdruck, auch auszugsweise, nur mit vorheriger Genehmigung des Verlages. Erscheinungsweise: monatlich.

Anzeigenvermarktung: MAIRDUMONT MEDIA, Tel. 0711 450 20, Fax 0711 45 02 10 12, media@mairdumont.com, http://media.mairdumont.com
Vertrieb Zeitschriftenhandel: PARTNER Medienservices GmbH, Postfach 810420, 70521 Stuttgart, Tel. 0711 72 52-212, Fax 0711 72 52-320
Vertrieb Abonnement: Leserservice DuMont Bildatlas, Zenit Pressevertrieb GmbH, Postfach 810640, 70523 Stuttgart, Tel. 0711/7252-265, Fax 0711/7252-333, dumontreise@zenit-presse.de
Vertrieb Buchhandel und Einzelhefte: MAIRDUMONT GmbH & Co. KG, Marco-Polo-Straße 1, 73760 Ostfildern, Tel. 0711 4502-0, Fax 0711 4502-340
Reproduktionen: PPP Pre Print Partner GmbH & Co. KG, Köln
Druck und buchbinderische Verarbeitung:
NEEF + STUMME premium printing GmbH & Co. KG, Wittingen, Printed in Germany

Madeira Wanderwoche vom Feinsten!

Kulinarische Streifzüge & Wandervergnügen pur

Wandern Sie mit uns auf der Ostseite Madeiras an steilen Felsküsten, zu grandiosen Gipfeln, bezaubernden Buchten und üppig-grüner Vegetation. Genießen Sie das idyllische Leben in einer stilvollen Quinta umgeben von einem riesigen subtropischen Garten. Die spektakulären Ausblicke auf die Atlantikküste werden Sie begeistern. Genießen Sie die typisch-madeirensische Küche und besuchen mit uns Sie nach den Wanderungen kleine, urige Tascas.

Die Höhepunkte der Reise:
- Spektakuläre Gipfelwanderung
- Bezaubernde Blütenpracht
- Quirlige Hauptstadt Funchal

8 Tage, 5 geführte Touren mit qualifizierter, deutschsprachiger Reiseleitung, Flug, Ü/HP im DZ ab € 1.320,- p.P.

Weitere Infos:
☎ 0761 - 45 892 890
www.picotours.de

Dresden
Sächsische Schweiz

Kaleidoskop der Künste
Es sind vor allem die Museen mit ihren Kunstschätzen, die begeistern, wir stellen die interessantesten vor.

Dolce Vita an der Elbe
Zum Einkaufen, Speisen und sich Amüsieren geht's in die Neustadt.

Wein mit Tradition
Mittlerweile kommen edle fruchtige Tropfen aus Sachsen.

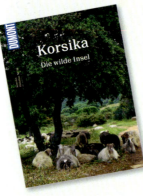

Korsika

Strand und Berge
Wir präsentieren Ihnen die Traumstrände der Insel ebenso wie die schönsten Wanderwege.

Asterix auf Korsika …
… persifliert das Leben der Bewohner – oder sind alles nur Klischees?

Echt korsisch
Wo Sie ausgefallene Produkte und originelle Geschäfte finden, wir verraten es.

www.dumontreise.de

Lieferbare Ausgaben

DEUTSCHLAND
119 Allgäu
092 Altmühltal
105 Bayerischer Wald
120 Berlin
162 Bodensee
121 Brandenburg
175 Chiemgau, Berchtesg. Land
013 Dresden, Sächs. Schweiz
152 Eifel, Aachen
157 Elbe und Weser, Bremen
125 Erzgebirge, Vogtland
168 Franken
020 Frankfurt, Rhein-Main
059 Fränkische Schweiz
112 Freiburg, Basel, Colmar
028 Hamburg
026 Hannover zw. Harz u. Heide
042 Harz
062 Hunsrück, Naheland, Rheinhessen
023 Leipzig, Halle, Magdeburg
131 Lüneburger Heide, Wendland
133 Mecklenburgische Seen
038 Mecklenburg-Vorpommern
033 Mosel
114 München
047 Münsterland
015 Nordseeküste Schleswig-Holstein
006 Oberbayern
161 Odenwald, Heidelberg
035 Osnabrücker Land, Emsland
002 Ostfriesland, Oldenb. Land
164 Ostseeküste Mecklenburg-Vorpommern
154 Ostseeküste Schleswig-Holstein
136 Pfalz
040 Rhein zw. Köln und Mainz
079 Rhön
116 Rügen, Usedom, Hiddensee
137 Ruhrgebiet
149 Saarland
080 Sachsen
081 Sachsen-Anhalt
117 Sauerland, Siegerland
159 Schwarzwald Norden
045 Schwarzwald Süden
018 Spreewald, Lausitz
008 Stuttgart, Schwäbische Alb
141 Sylt, Amrum, Föhr
142 Teutoburger Wald
170 Thüringen
037 Weserbergland
173 Wiesbaden, Rheingau

BENELUX
156 Amsterdam
011 Flandern, Brüssel
070 Niederlande

FRANKREICH
055 Bretagne
021 Côte d'Azur
032 Elsass
009 Frankreich Süden Languedoc-Roussillon
019 Korsika
071 Normandie
001 Paris
115 Provence

GROSSBRITANNIEN/IRLAND
063 Irland
130 London
138 Schottland
030 Südengland

ITALIEN/MALTA/KROATIEN
017 Gardasee, Trentino
110 Golf von Neapel, Kampanien
163 Istrien, Kvarner Bucht
128 Italien, Norden
005 Kroatische Adriaküste
167 Malta
155 Oberitalienische Seen
158 Piemont, Turin
014 Rom
165 Sardinien
003 Sizilien
140 Südtirol
039 Toskana
091 Venedig, Venetien

GRIECHENLAND/ZYPERN/TÜRKEI
034 Istanbul
016 Kreta
176 Türkische Südküste, Antalya
148 Zypern

MITTEL- UND OSTEUROPA
104 Baltikum
122 Bulgarien
094 Danzig, Ostsee, Masuren
169 Krakau, Breslau, Polen Süden
044 Prag
085 St. Petersburg
145 Tschechien
146 Ungarn

ÖSTERREICH/SCHWEIZ
129 Kärnten
004 Salzburger Land
139 Schweiz
144 Tirol
147 Wien

SPANIEN/PORTUGAL
043 Algarve
093 Andalusien
150 Barcelona
108 Costa Brava
025 Gran Canaria, Fuerteventura, Lanzarote
172 Kanarische Inseln
124 Madeira
174 Mallorca
007 Spanien Norden, Jakobsweg
118 Teneriffa, La Palma, La Gomera, El Hierro

SKANDINAVIEN/NORDEUROPA
166 Dänemark
153 Hurtigruten
029 Island
099 Norwegen Norden
072 Norwegen Süden
151 Schweden Süden, Stockholm

LÄNDERÜBERGREIFENDE BÄNDE
123 Donau – Von der Quelle bis zur Mündung
112 Freiburg, Basel, Colmar

AUSSEREUROPÄISCHE ZIELE
010 Ägypten
053 Australien Osten, Sydney
109 Australien Süden, Westen
107 China
024 Dubai, Abu Dhabi, VAE
160 Florida
036 Indien
027 Israel
111 Kalifornien
031 Kanada Osten
064 Kanada Westen
171 Kuba
022 Namibia
068 Neuseeland
041 New York
048 Südafrika
012 Thailand
046 Vietnam